商法探訪

―― 初めて学ぶ人のために ――

淺木愼一 著

信山社

はしがき

　本書は、商法の入門書のその一歩手前の書物として著わしたものです。入門書は、その分野の門の内に、ともかくも読者を招じ入れるものですが、本書は、読者を門前に連れて来て、開いている門前から門内の風景を眺めて貰おうという意図で著わしたものです。商法という分野の門前を訪れて貰おうというもので、そのような日本語があるかどうか明らかではありませんが、強いて言えば「門前書」でしょうか。

　本書は、まったく法律学を知らない人に商法という学問領域に関心を持って貰おうという意図があります。実質競争倍率が2倍を超える大学の学部・学科に入学できる基礎学力を有する人であれば、たとえ法学部生でなくとも理解できるレベルで記述したつもりです。したがって、本書の利用方法としては、法学部以外の学生が教養としての商法を身に付けるための参考書として使うという途が考えられます。将来、法科大学院の未修者コースに進んでみようと思う人が、自己の法的センスを計るバロメーターとして利用することが可能です。次いで、経済・経営・商学系の学部・学科で、商法科目をカリキュラムに取り入れている場合の基本テキストあるいは参考書として利用することも可能です。本書の内容は、これらの学部・学科で講じる4単位分の量として適当なものであると思います。また、法学部の1年生の入門科目としての商法の講義にも利用できるでしょう。さらに、法学部生で、民法総則の学修に躓き、商法に進むどころではないといった境遇の学生の復習のための参考書としても利用可能です。このように、本書は、相当に幅広い目的で利用できます。先に述べた基礎学力のある人であれば、たとえば秋の推薦入試等で私大の法学部に入学を決めた高校3年生、あるいは法学部に進学しようと欲する高校3年生が読破することもできるはずです。他人より一足早く商法の勉強を始めてみませんか。

　本書のような書物では、「商法を学ぶ意義」といった主題に紙幅を割くのが

通例ですが、本書においては、そのような総論を割愛しています。賢明な読者にとって、丹庸な筆者から総論を開陳されるほど迷惑なことはありません。鶏が隼の雛に大空を翔る楽しみを説けるはずがありません。したがって、本書では、各論をできる限り誤りなく伝えることに徹しています。商法を学ぶ意義については、賢明な読者に時間をかけて考えていただきたいと思います。

　本書の校正につき、明治学院大学法律科学研究所教学補佐の海老澤ちひろさんが、一部御助力してくださいました。また、本書の企画から出版については、今回も袖山貴氏、今井守氏をはじめ信山社編集部の皆様に格別の計らいをいただきました。記して感謝いたします。

　平成 16 年 5 月

淺 木 愼 一

目　次

はしがき

第1章　権利の主体―権利能力とは何か　　1

1. 六法を片手に商法の世界へ……1
2. 私権の享受は出生に始まる……2
   - 2-1. 1条の次は2条じゃないのか（2）
   - 2-2. 「私権」とは何か（2）
   - 2-3. 権利とは何か（3）
   - 2-4. 権利にはどのようなものがあるか（3）
   - 2-5. 権利能力およびその始期（5）
   - 2-6. 自然人の権利能力の範囲（6）
   - 2-7. 市民法としての民商法（6）
3. 会社は之を法人とす……7
   - 3-1. 法人とは何か（7）
   - 3-2. 法人にはどのようなものがあるか（7）
   - 3-3. 法人の権利能力の範囲（10）
4. 権利能力なき社団……12

第2章　意思表示・法律行為とは何か　　13

1. 法律要件と法律効果……13
2. 法律行為……15
3. 法律行為の分類……16
   - 3-1. 単独行為（16）
   - 3-2. 契　約（17）
   - 3-3. 合同行為（17）
4. 意思表示を理解する……18
   - 4-1. 意思表示をさらに分解してみる（18）

4-2. 意思の欠缺 (19)

　　　4-3. 瑕疵ある意思表示 (24)

　5. 取引の安全と表示主義……25

第3章　実際に法律行為をなすにあたっての諸問題　27

　1. 単独で法律行為ができる人とできない人—意思能力と行為能力……27
　2. 他人を使った法律行為—代理……29
　　　2-1. 代理制度の利用—法律行為上の自己の分身としての他人 (29)
　　　2-2. 代理とは何か (29)
　　　2-3. 代理権授与行為 (30)
　　　2-4. 顕名主義 (31)
　　　2-5. 自己契約・双方代理 (32)
　　　2-6. 無権代理 (32)
　　　2-7. 表見代理 (34)
　3. 法人の法律行為……38
　　　3-1. 法人の機関 (38)
　　　3-2. 法人の代表機関—理事 (39)
　　　3-3. 理事の代表権とその制限 (40)
　　　3-4. 理事の専断行為、権限濫用行為と第三者の保護 (41)
　　　3-5. 理事の行為のチェック体制 (43)

第4章　民法の役割、商法の役割　45

　1. 市場経済社会の市民法……45
　2. 民商法の基本的指導原理……46
　　　2-1. 所有権絶対の原則 (46)

2-2．契約自由の原則（47）

3．競争の「質」に着目しよう……47

4．商法と民法は特別法と一般法の関係にある……49

5．商法の法源とその適用順位……50

5-1．商法の法源（50）

5-2．法源適用の順序（52）

第5章　商人および商行為　53

1．「商」という字の由来……53

2．基本的商行為……53

2-1．絶対的商行為（54）

2-2．営業的商行為（55）

3．固有の商人……58

4．擬制商人および準商行為（会社を除く）……58

5．各権利主体の商人資格（会社を除く）……59

6．商人としての会社およびその事業目的……60

6-1．総　説（60）

6-2．会社形態選択のメリット（61）

7．附属的商行為……61

8．一方的商行為・双方的商行為……62

第6章　商事契約に関する基本制度　63

1．「債権」という言葉……63

2．商事契約の成立—締結の迅速性と内容の明確性を確保する……64

2-1．総　説（64）

2-2．対話者間取引と隔地者間取引（64）

2-3．申込の効力の発生時期（64）

        2-4．申込の拘束力（65）

        2-5．承諾適格（66）

        2-6．承諾の効力（67）

        2-7．申込受領者の諾否通知義務と受領物品保管義務
            （67）

    3．商事契約の履行の確保……69

        3-1．総　説（69）

        3-2．商事債権の人的担保の強化（69）

        3-3．物的担保の強化（71）

    4．商事契約規整に対する商法の姿勢……75

第7章　取引の量的・空間的拡大への対処　　　　　　　　　77

    1．物的施設と人的施設の手当て……77

    2．商業使用人制度—企業内における人的補助施設……77

        2-1．商業使用人とは（77）

        2-2．支配人の代理権（78）

        2-3．部長・課長・係長の代理権（79）

        2-4．物品販売店舗の使用人の代理権（79）

        2-5．支配人の規整（79）

    3．補助商の制度—企業外における人的補助施設……80

        3-1．総説—名古屋支店を設置すべきか（80）

        3-2．代理商（81）

        3-3．問　屋（82）

        3-4．仲立人（85）

第8章　商人間信用の銀行信用への転換—今日の手形制度　　87

    1．総　説……87

    2．売掛金債権を譲渡担保とする取引の短所……88

     2-1. 基礎知識の整理―指名債権の譲渡（*88*）

     2-2. 債権譲渡を譲受人の立場から眺める（*89*）

  3. 有価証券の利用……*90*

     3-1. 私権を表章する証券、私権が化体された証券（*90*）

     3-2. 債権の移転および行使が証券によってなされるという工夫（*91*）

  4. 約束手形の利用……*91*

     4-1. 約束手形のイメージ（*92*）

     4-2. 振出人と受取人との関係（*94*）

     4-3. 手形債権の譲渡（*96*）

     4-4. 手形の善意取得（*98*）

     4-5. 手形の支払と銀行取引停止処分（*99*）

  5. 手形割引……*100*

第9章　会社という企業形態の選択　　*103*

  1. 会社の種類……*103*

  2. 株式会社のイメージ……*105*

  3. 株式会社の設立……*106*

     3-1. 設立の方法―発起設立が多い（*106*）

     3-2. 株式発行事項の決定と発起人による引受（*107*）

     3-3. 発起人による出資の履行（*108*）

     3-4. 設立の登記（*109*）

第10章　株式の意義と株主の権利　　*111*

  1. 社員権とは何か……*111*

  2. 株式とは何か……*111*

  3. 株主の権利……*113*

3-1. 自益権と共益権 (*113*)

3-2. 単独株主権と少数株主権 (*114*)

4. 種類株式制度……*114*

4-1. 株主平等の原則 (*114*)

4-2. 数種の株式 (*115*)

5. 株主総会における議決権の行使……*117*

5-1. 株主総会の意義と権限 (*117*)

5-2. 総会における議決権の行使 (*118*)

5-3. 株主総会と総会屋 (*120*)

第11章　株式会社の業務執行とその監督　　*123*

1. 会社の身の丈に合った経営体制を支える……*123*

2. 大会社・中会社・小会社……*124*

3. 取締役および取締役会……*124*

3-1. 取締役の選解任など (*124*)

3-2. 取締役会の意義と権限 (*125*)

4. 代表取締役……*126*

4-1. 代表取締役の選解任など (*126*)

4-2. 代表取締役の権限 (*126*)

4-3. 代表取締役の専断的行為および権限濫用行為と第三者の保護 (*127*)

4-4. 表見代表取締役 (*129*)

5. 取締役の責任……*129*

5-1. 善管注意義務と忠実義務 (*129*)

5-2. 取締役の競業避止義務 (*130*)

5-3. 取締役・会社間の利益相反行為 (*131*)

5-4. 取締役の会社に対する責任の軽減 (*131*)

5-5. 取締役の第三者に対する責任 (*132*)

6．取締役の報酬……*133*

7．株主の代表訴訟……*134*

8．監査役……*134*

9．委員会等設置会社のアウトライン……*136*

第12章　株式会社の資金調達　　　　　　　　　　　　　　　*139*

1．資本市場からの資金調達……*139*

2．新株発行の形態……*140*

　2-1．授権資本制度（*140*）

　2-2．3種類の発行形態（*141*）

3．新株予約権の発行……*143*

　3-1．新株予約権とは何か（*143*）

　3-2．ストック・オプションとしての活用（*143*）

　3-3．新株予約権と社債との組合せ（*143*）

4．自己株式の取得……*144*

第13章　株式会社の計算と情報開示　　　　　　　　　　　　*147*

1．会計規整の必要性……*147*

2．株式会社の決算手続─計算書類の作成と監査……*148*

3．貸借対照表と利益処分案……*149*

4．計算書類の報告と承認……*152*

第14章　株式会社の再編　　　　　　　　　　　　　　　　　*153*

1．会社の親子関係……*153*

2．完全親子会社関係の創設……*154*

3．会社の合併……*156*

4．会社の分割……*157*

5．営業の譲渡……*157*

6．本章は初学者には理解が難しい。しかし重要である
……*158*

終章　さらに商法を学びたい人へ　　*161*

第1章 権利の主体──権利能力とは何か

1. 六法を片手に商法の世界へ

まったくの初学者の皆さんを商法の世界へ誘(いざな)おうというのが本書の目的です。

商法という大海原に漕ぎ出すためには、まず民法という大河を下らなければなりません。

これがまた滔々(とうとう)と流れる大河なのです。羅針盤を持たずに無謀な出港をすることはできません。羅針盤に相当する物として、まず六法と称される書物を入手しましょう。

六法とは、本来、憲法・刑法・刑事訴訟法・民法・民事訴訟法そして商法という、6つの主要な法律を指します。転じて、重要な法令を収録した法令集を指すようになりました。「六法」という呼称で、重要法令集を編むというのは、わが国独自の方法です。その歴史は古く、大日本帝国憲法発布の翌年、明治23年(1890年)に長尾景弼(かげすけ)編「日本六法全書」が博聞社から刊行されたのが最初であるといわれています。わが国が、漢字という情報量の多い伝達媒体を自家薬籠中(じかやくろうちゅう)の物とし、わが先達が欧米の法律を継受した当初に、優れた漢語の素養を駆使して簡明な法規を作成した伝統が根付いている成果です。

黒田万一という人物が詠んだ和歌に「秋の夜をひたすら学ぶ六法に恋といふ字は見出(みいで)でざりけり」という作品があります。法律を学ぶ苦痛を詠んだもので、法律学がいかにも無味乾燥であるようなイメージを与える歌ですが、よほど彼の学習の方法が不味(まず)かったのでしょう。

2．私権の享有は出生に始まる

❖ 2-1. 1条の次は2条じゃないのか

錨(いかり)を上げる港は、民法1条ノ3という条文です。

六法で民法典を探して下さい。民法1条ノ3という条文は、民法第1編総則 第1章人 第1節私権ノ享有(きょうゆう)という部分の冒頭にあります。

1条「ノ3」とはどういうことなのか?と思う人もいるでしょう。説明しておきます。たとえば、ある法律が作られるとき、その条文は、普通1条から始まり、以下、条文番号としては自然数が付されます。ところが、立法後に当該法律を改正する必要が生じ、そのとき、たとえば50条と51条との間に新しい条文を1か条設けなければならなくなったとします。新しい条文を51条とし、旧51条以下を順次繰り下げると、長年周知されてきた条文番号に変動を生じてしまいます。そこで、旧51条以下の条文番号を保存したまま、50条と51条の間に、「50条の2」という技番号を付して新条文を挿入するという手法がとられるのです。したがって、50条の2は、50条とその位置づけ・重みにおいて同等であり、決して50条の付属条文ではありません。完全に独立した条文です。

さて、民法1条ノ3ですが、もともと民法が制定された当初は、これが旧1条だったのです。しかし、昭和22年(1947年)の民法改正により、冒頭に、民法の基本原則(新1条)と、民法の解釈基準(1条ノ2)の2か条が加えられたため、2条以下の条文番号を保存して、旧1条を1条ノ3としたわけです。

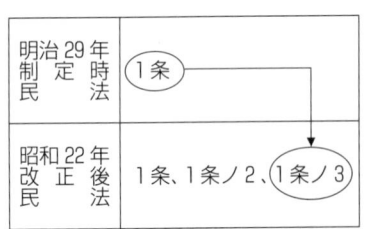

❖ 2-2.「私権」とは何か

民法1条ノ3は、「私権の享有は出生に始まる」と規定しています。

「私権」とは「私法上の権利」という意味です。法を公法と私法とに分ける

ことは、多くの国で一般的に行われています。区別の基準についてはさまざまな学説がありますが、縷々述べても退屈ですから、さしあたって、公権力とは無関係の市民社会や企業社会における市民相互間（市民には企業も非企業も含む）を規律する法領

域のことであるとイメージしておけば十分でしょう。公法と私法との区別は、実定法制度を運用する技術的要請からも必要とされます。私権をめぐる紛争は、裁判上、もっぱら「民事訴訟制度」によって処理されます。

❖ 2−3. 権利とは何か

権利あるいは義務という単語は、日常生活でも頻繁に用いられますが、一応その定義をしておきます。

私たちは、生活上の利益を享受するために一定の活動を認められています。その活動の範囲は、法規範およびその体系である法秩序によって保障されています。この法秩序に裏打ちされた活動の範囲を「権利」と呼びます。わかりにくい人は、これを「法によって保障された生活上の利益を享受しうる地位」であるとイメージして下さい。そして、義務とは、「権利に対応する法的な拘束」であるとイメージして下さい。

❖ 2−4. 権利にはどのようなものがあるか

2−4−1. 対象とする利益に着目した分類

① 財産権…財産的利益を対象とする権利です。債権と物権とがこれに属し、本書で取り上げる権利で最も重要なものです。債権は、人の人に対する権利であり、物権は、人の物に対する権利です。物権の応用型としての知的財産権もここに含まれます。

② 人格権…人格的利益を対象とする権利です。肖像権やプライバシー権などがその例です（本書では取り上げません）。

③ 身分権…身分上の地位に基づく利益を対象とする権利です。親権(しんけん)などがその例です（本書では取り上げません）。
④ 社員権…社団法人(しゃだんほうじん)の構成員(社員)がその構成員たる地位に基づいて社団に対して有する包括的な利益を対象とする権利です。株式会社の株主が会社に対して有する株主権がその例です。本書で取り上げる重要な権利です。

2-4-2．権利の作用に着目した分類

この部分は、少し難解な記述になります。さしあたり、今のところ理解できなくても不自由はありません。法律学に慣れてから再読してください。
① 支配権…客体を直接に支配することを作用とする権利です。その利益を享受するために他人の行為を媒介する必要はありません。権利者が欲するだけでその利益を実現できます。物権、知的財産権がその適例です。

　なお、ここで記述すると混乱を生じるかもしれませんが（したがって、本書を読み始めたばかりで前頭葉の暖気運転にまだ自信の無い人はこの段落を読み飛ばして結構です）、後述する商業使用人の支配人の代理権のことも「支配権」と呼びます（第7章2-2）。これは、ここに掲げる支配権とは別次元の概念です。さらに、株式会社において、株式の所有を通じて、取締役等の任免を左右する地位をこう呼んだり、文脈上、必ずしも株式所有と関係なく事実上会社の経営政策の決定や遂行に決定的影響力を持つ地位をこう呼ぶことがありますが、これらもここに掲げる支配権とは別次元の概念です。
② 請求権…他人に一定の行為をなすことを(不作為を含む)請求することができる権利です（不作為とは、作為に対する語で、行為をしないという意味です）。その利益を享受するために他人の行為を必要とするものです。債権がその最適例です。
③ 形成権…権利者の一方的な意思表示によって一定の法律関係を発生(変更・消滅を含む)させることができる権利です。私法上の法律関係は、

利害関係人の合意(意思表示の合致)によって形成されるのが原則ですが、例外的にこのような権利に基づく法律関係の形成が認められています。財産権的な法律関係を形成するこの権利の例として、契約の解除権(民540)などがあります。身分権的な法律関係を形成するこの権利の例として認知権(民779)などがあります。上に述べた契約解除権などのように、裁判によらなくても(「裁判外で」あるいは「訴訟外で」という)行使可能な形成権と、詐欺行為取消権(民424)などのように、裁判によってのみ(「裁判上」あるいは「訴訟上」という)行使可能な形成権があります。例示したそれぞれの権利は、民法で学んで下さい。

④ 抗弁権…他人から請求を受けたとき、その請求を阻止(制限を含む)できる権利です。名称だけ挙げれば、同時履行の抗弁権(民533)、催告の抗弁権(民452)、検索の抗弁権(民453)などがその例です。例示したそれぞれの権利は民法で学んで下さい。

❖ 2-5. 権利能力およびその始期

先に述べたように(本章2-3)、権利という概念を「法によって保障された生活上の利益を享受しうる地位」と捉えるところから始めましょう。次に考えるべきは、そのような地位に就くことができる資格という点です。すなわち、権利(およびその対立概念としての義務)の帰属主体たりうる資格ということです。

この、「権利義務の帰属主体たりうる資格」のことを法律用語で「権利能力」といいます。

「能力」という単語は、法律の世界では、個人的・個性的な資質を表す指標という意味ではなく、しばしば、抽象的な資格というニュアンスに近い用いられ方をします。

民法1条ノ3にいう「私権の享有は出生に始まる」とは、人の権利能力の

第1章 権利の主体—権利能力とは何か

始期を画する条文です。つまり、私たちは、出生と同時に権利義務の帰属主体たりうる資格を取得することになるわけです。出生という時点をもって、生物学上の個体としてのヒトは、法律上「自然人」と称され、権利義務の担い手として社会と生活関係を持つに至ります。自然人は、死亡するまで権利能力を有します。

❖ 2−6. 自然人の権利能力の範囲

先に述べたように（本章2−3）、今度は、権利という概念を「法規範およびその体系である法秩序に裏打ちされた活動の範囲である」と捉えるところから始めましょう。次に考えるべきは、そのような活動の範囲は、人それぞれに差異があるか否かという点です。

「法の下の平等」という言葉は、小学校の社会科の授業以来、繰り返し聞かされてきた言葉であろうと思います。この言葉は、具体的には憲法14条1項に「すべて国民は法の下に平等であって……」と規定されています。

私法上の生活関係における法の下の平等は、「私たちは全員が等しく法秩序に裏打ちされた活動の範囲を認められる」という形で現れます。すなわち、老若男女を問わず、私たちは等質の権利能力を有しています。わが国の法秩序が及ぶ空間において、私たち自然人は、日本国民として、法秩序が保障する範囲内で制限のない権利能力を等しく享有します。ただし外国人の場合には、公益的見地からこれが法令または条約によって（これらによってのみ）制限されることがあります（民2）。

❖ 2−7. 市民法としての民商法

このように、今日の法秩序の下では、自然人は自由・平等な権利能力者とみなされますが、このような平等な人々によって構成される社会が市民社会と呼ばれる社会です。「市民法」という言葉は、このような市民社会を規律する基本的な法という意味で用いられます。私法の基本法である民商法は、まさに市民法という位置づけを与えられます。

ちなみに、citizen の訳語である「市民」という造語は、「士民」の転用ではないかと思われます。幕末の長州藩においては、奇兵隊などに代表される

ように、幕藩体制を支えた士農工商という身分制度が事実上崩壊していました。この当時の長州藩の公文書には、「士とそれ以外の民衆」とを合わせて「藩の人民」を表す意で「士民」という用語が使われています。おそらく後に、これが転じて「市民」という訳語が誕生したのではないかと私は考えています。

3. 会社は之(これ)を法人とす

❖ 3-1. 法人とは何か

商法54条1項は、「会社は之を法人とす」と規定しています。なお、条文が複数の段落から成っている場合、各段落のことを「項」といいます。

同条同項にいう「法人」とは何でしょうか。

法人とは、「自然人以外で、法律上権利義務の主体となることを認められた者である」と定義できます。換言すれば、「自然人ではないが、法律上権利能力を有すると認められた者である」ということになります。

たとえば、会社の従業員（自然人）は、労働の対価として、給与を支払えと請求する権利（債権）を有していますが、これに対応する義務（債務）の帰属主体は、会社自身です。会社は、会社として権利を有し義務を負っているのです。法人は、法によって認められた人工的な権利主体なのです。法人は、現に社会活動を営む団体を、取引の必要上から独立の生活単位（すなわち権利主体）として扱うという法技術の工夫の産物であるといえるでしょう。会社は、商法54条1項に依拠して、権利能力を有する主体であると認められているのです。

❖ 3-2. 法人にはどのようなものがあるか

3-2-1. 社団法人と財団法人

社団法人とは、その実態が人の結合体である法人をいいます。典型例は会

社です。会社は、社員と呼ばれる多数の出資者たちの結合体です。たとえば株式会社は、「株主」と呼ばれる多数の社員の結合体です。ちなみに、法律上「社員」というときは、会社への「出資者」という意で使用され、会社という団体の「構成員」という意味で用いられます。株式会社に限らず、あらゆる会社は、社員という人の結合体として成り立っている法人なのです。

一方、ある篤志家の財産が、たとえば日本の伝統文化の普及・繁栄といった非個人的な目的に捧げられることがあります。典型例は、たとえば茶道のある流派の家元が、個人の私的利益を超越して、この流派の普及と茶道を通じた国民の健全な精神文化の育成を目的として、財産を拠出し、この財産は、家元の私的財産から完全に分離されたとします。そうして、この財産を運用するための規則が定められ、その財産の周囲に人的組織が作られることがあります。特定の目的のため捧げられた財産が、その団体の存在意義の根本になっているというわけです。このように、財産を核とする法人を財団法人といいます。

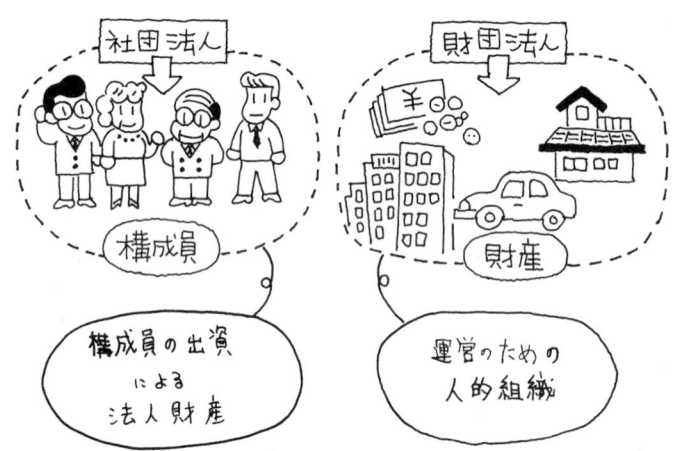

社団法人も財団法人も特定の目的のために設立されます。目的に即した根本規則を有しています（あらゆる法人の設立と存続のためには根本規則が不可欠です）。社団法人の根本規則を「定款」といい、財団法人のそれを「寄附行為」といいます。財団法人の設立行為自体も寄附行為といいます。

社団法人は、構成員たる社員によって組織された社員総会という意思決定機関を持ち、その決定に従って法人の管理・運営がなされます。ちなみに、株式会社の社員総会のことを株主総会というのです。一方、財団法人には社員総会に相当する機関がありません。財団法人の設立行為（寄附行為）に示された設立者の意思の枠内で、この拘束を受けて法人が管理・運営されるのです。

3-2-2．公益法人と営利法人

　公益法人は、祭祀・宗教・慈善・学術・技芸その他公益を目的とし、営利（利潤の獲得）を目的としない法人のことです（民34）。「公益」とは「不特定多数の者の利益」という意味です。公益法人の例としては、民法に基づく法人よりもむしろ特別法に基づくものが代表的なものであり、たとえば私立学校法に基づく学校法人、宗教法人法に基づく宗教法人、社会福祉事業法に基づく社会福祉法人、医療法に基づく医療法人などが挙げられます。

　営利法人というのは、もっぱら構成員の「私益」を目的とし、営利の追求を至上の目的とする法人です。したがって、すべて社団法人です。営利の追求は、権利主体たる法人のために遂行されるだけでなく、獲得した利益を何らかの形で構成員に分配することをも目的として遂行されます。営利法人の代表といえば、何といっても会社です。株式会社が獲得した収益は、利益配当という形で株主に分配されています。

　民法34条を見ればわかるように、公益法人は、その権利能力の取得を（法人格の取得を）、原則として主務官庁の許可によって認められます。これを許可主義といいます。一方、営利法人の代表たる会社については、商法の「規定に依り設立し」（商52 II参照）、その「本店の所在地に於て設立の登記を為すに因りて成立す」（商57）とされています。すなわち、会社には、あらかじめ法律で設立のための一定要件を定めておき、その要件を備えて社団が設立されたときには当然に法人格を認めようという法政策が採られているのです。これを準則主義といいます。

　許可主義にせよ、準則主義にせよ、このような法政策が採られる理由は以下のようなものです。法人は、それぞれの目的をもって創造され、自然人と

共生して、社会の中でさまざまな生活関係を構築します。とはいえ、法人という生活単位（権利主体）は、取引の便宜のため、本来の権利主体たる自然人の需要に応えるべく発明された法技術に過ぎないわけですから、生命の尊厳を守るべき自然人と異なり、社会にとって好ましくない生活体の発生を未然に防止しておく必要があるのです。そのため、法人が法人格を取得する要件をある程度法律によって厳しく規整してあるわけです。

3-2-3. 中間法人

中間法人とは、中間法人法または特別法に基づいて設立された法人で、公益法人・営利法人のいずれにも属さないものをいいます。中間法人の一般的定義は、中間法人法2条1号にあります。なお、法律の条文の中で、特定の事項につき、自然数を付して列挙したものを「号」といいます。号の前にある条文文言を「柱書（はしらがき）」といいます。

中間法人法2条1号によれば、中間法人とは、① 社員に共通する利益を図ることを目的とし、かつ② 剰余金を社員に分配することを目的としない社団であって、③ 中間法人法により設立されたものをいいます。①でわかるように、公益を目的とする法人ではありません。②でわかるように、営利を追求する法人ではありません。③でわかるように、わが国は中間法人についても原則として準則主義を採用しています。

特別法に基づく中間法人の例として、農業協同組合法に基づく農業協同組合、消費生活協同組合法に基づく消費生活協同組合（生協として知られているものがこれです）、信用金庫法に基づく信用金庫などがあります。

3-2-4. 公法人と私法人

この区別は簡単に述べるに止めます。

公法人は、最も広義には、国および地方公共団体を含む公法上の法人です。通常は、国家の下で特定の国家的目的のために設立された法人をいいます。各種公団などがその例です。私法人は、公法人に対する概念で、私法上の法人という意味です。

❖ 3-3. 法人の権利能力の範囲

　法人は、自然人と同様に一般的に権利能力を有します。しかし、生身の肉体を持たない「不自然な」存在ですから、その権利能力の範囲は自然人と同じではありません。

　法人には、性・年齢・親族関係を前提とする権利義務を享有する能力がありません。婚姻や養子縁組をするといったことは不可能です。

　法人が権利能力を有する根拠は、法律によってこれが与えられているからです。したがって法人の権利能力を法令によって制限することは当然に可能です。なお「法令」とは、法律と命令を合わせて呼ぶ概念です。法律は憲法に基づき国会の議を経て定立される規範であり、命令は国会の議を経ずもっぱら行政機関によって制定される規範です。さらに、文脈上、法令という用語は、地方公共団体の条例・規則、最高裁判所規則等、各種の法形式を含めていうこともあります。

　民法43条は、法人は「定款または寄附行為に因りて定まりたる目的の範囲内において」権利義務の帰属主体たりうる旨を規定しています。先に述べたように（本章3-2-1）、同条にいう定款または寄附行為とは、法人の組織や活動に関する根本の基本規則のことです。あらゆる法人を設立するためには、法が定めた様式に従ったこれら基本規則の作成が不可欠です。これら基本規則には、その法人の「目的」を記載することが要求されています（民34①、39）。社団法人たる会社の場合、定款所定の目的は、その会社が営む事業目的を指すことになります。株式会社にあっては、設立行為の最初に会社の定款が作成されますが、この目的は、定款に必ず記載または記録しなければならない事項（絶対的記載事項という）のひとつに挙げられています（商166Ⅰ①）。

　わが民商法の体系上、民法43条は、会社を含む法人一般に共通する原則規定であると位置づけられます。そうであるとすれば、およそ法人は、定款または寄附行為所定の事業しか行えないということになりそうです。換言すれば、法人の権利能力は、定款または寄附行為所定の事業目的の範囲内でしか認められないということになりそうです。しかし、厳密に定款または寄附行為所定の目的自体に限られているわけではなく、目的を中心に、その達成に必要なあらゆる行為をすることが可能であると解されていますから、定款ま

たは寄附行為所定の目的による法人の権利能力の制限について深く考究する実益はほとんど失われているというのが今日的な法状況です。したがって、法人は、財産権に関する限り、ほぼ自然人に匹敵する権利能力を認められると捉えてもかまわないものと思われます。とくに会社の権利能力はそう捉えてもかまいません。

4．権利能力なき社団

　世の中には、さまざまな団体が存在します。団体の性格をどのようなものにするかは、構成員の自由ですから、あえて法人にならない途を選択する団体もあるでしょう。

　たとえば、長い歴史を誇る伝統校の同窓会組織などは、公益も営利も目的としない卒業生相互の扶助組織的性格の強い団体ですから、中間法人法に依拠して法人化しない限り、法人ではありません。しかし、このような組織は、構成員の個々の意思とは独立して、現に社会に客観的に存在しており、かつ構成員の共同の意思にのみ立脚して存在している社団に相当するものと評価できます。このような組織は構成員が変化しても同一性を維持できます（古い同窓生は死亡により退会し、新しい同窓生は卒業により入会し、「年々歳々花相似たり、歳々年々人同じからず」という状況が生じても、同窓会組織の同一性は維持されます）。

　そうであるとすれば、その実体が社団であると認められる団体は、できる限り社団法人と同様の扱いをすることが妥当であり、また社会にとってもその方が便宜であると考えられます。

　正確な意味での法人格はないけれども、社団としての実体を認め、財産法上の行為につき、社団法人に準じた扱いが認められる団体を「権利能力なき社団」といいます。

第2章
意思表示・法律行為とは何か

1. 法律要件と法律効果

　私たちの日常生活であたり前に生じる生活関係のいくつかを眺めてみましょう。

―――――――――――――

① 暖かさに誘われて散歩に出掛け、咲き溢れる満開の桜の花を愛でる。
② コンビニエンス・ストアで週刊誌を1冊購入する。
③ 父親が不慮の災難に巻き込まれ、死亡する。
④ 酔漢にしつこく絡まれ、過剰に反応してしまい、殴り倒して病院送りにしてしまう。
⑤ 友人と携帯電話で雑談をして、無為に時間を過ごす。

―――――――――――――

　上に挙げたようないろいろな生活関係がありますが、私たちは法治国家に生きていますから、そこに暮らす以上、このような多岐多様にわたる生活関係の多くのものが何らかの法律上の効果を生じます。
　分り易いものから述べれば、②でしょうか。これにより、買主は、週刊誌1冊を引き渡せと請求する権利を取得し、その対価として、代金を支払う義務を負担することになります。売主も、これに対応する権利義務を取得します。③もまた、法律上の効果を生じます。父親が死亡すれば、その子には父親の財産の全部または一部を相続するという権利が生じます。④も、法律上の効果が生じます。このような場合、加害者は、被害者に対して不法行為（基本となる条文は民法709条です）に基づく損害賠償義務を負うことになります。⑤はどうでしょう。友人と雑談をすること自体は、さしあたり、特段の法律上の効果を生じません（会話の内容によっては、これを生じることがあります）。ただ、携帯電話という伝達媒体を使用するということは、携帯電話会社が電

話の所有者に対して提供を約束している役務（サービス）を利用する権利を行使することであり、同時に、そのようなサービスを利用することによって、対価としての通話料を支払うという義務の内容を変更する（通話料が増加する）効果を生じます。また、無為に時間が経過するということも、場合によっては、法律を知らない人でも聞いたことがあると思いますが「消滅時効」に関わる事情であり、既存の権利義務関係が消滅するという効果を生じる可能性があります。上の例で、法律上の効果を生じないのは、①の行為それ自体

	法律要件	法律効果
②	当事者が週刊誌1冊の売買で合意した。	買主に週刊誌1冊を引き渡せと請求できる権利が発生。同じく代金を支払う義務が発生。売主にも同時にこれらに対応する権利義務が発生
③	父親が死亡した。	その子らに相続権が発生
④	加害者の意識的な暴力行使により被害者が加療を要する負傷をした。	加害者に被害者に対する損害賠償義務、被害者にはこれに対応する権利が発生

だけであるということができるでしょう。

　法律学においては、私たちの生活のさまざまな事象のうち、およそ法律上の効果（権利義務の発生・消滅・変更）を生じさせる生活関係をひとまとめにして「法律要件」と呼びます。上記、②ないし⑤の事象には、法律要件に該当する生活関係が含まれていることが理解できたでしょうか。

　次に、「法律効果」とは、難しく表現すれば、「法律要件の存在によって生じる一定の結果・効果」を指しますが、端的には、「直接・間接に法律関係の変化をもたらす効果」ですから、要は「権利の変動（その発生・変更・消滅）をもたらすということである」とイメージしてもかまわないと思います。

　比較的分り易い上の②③④の例における法律要件と法律効果とを前ページに整理して掲げておきましょう。

2. 法律行為

　さて、上に述べたさまざまな法律要件は、私たちの精神作用を要するものとそうでないものとに分けることができます。たとえば、②や④は、行為者が積極的にそうしようとした精神作用の結果として生じた法律要件です。これに対し、③は、権利を取得した当事者の精神作用とはまったく無関係です。時の経過によって消滅時効が完成するという事象も、私たちの精神作用には関係ありません。

　ここでは、あまた存在する法律要件のうち、私たちの精神作用を必要とするものを取り上げます。先ほどの例で、初学者にも分り易い典型的な法律要件は②と④でしょうから、これらを取り上げましょう。

　②と④の違いが分りますか。分らない人のためにヒントを出しましょう。②と④のうち、「当事者が特定の法律効果の発生を積極的に欲してなす行為であり、しかも法律がその効果の実現に助力してくれる」と思われる法律要件はどちらですか、という質問を出せば、答が分りますか。質問の「しかも」以下の部分、「法律がその効果の実現に助力してくれる」とは、「法規範による実現が保障された」ということであり、要するに、「当事者の欲するとおりの法律効果の実現を法が保障している」ということですから「適法な行為で

なければいけないんだな」という程度にイメージしてもらえばいいでしょう。説明の前半部分に重点を置いて答を考えて下さい。

その答は②であることが分りますね。

このように、「当事者が一定の法律効果を欲してなす行為であり、しかも法律がその効果の実現に助力してくれる法律要件」を、さまざまな法律要件と区別して「法律行為」といいます。すなわち、法律行為とは、「当事者が一定の権利が発生・変更・消滅することを欲してなす行為である」ということになります。「欲する」というからには、当事者の精神作用をともなう具体的な行動が不可欠です。この具体的な行動こそが、法律学でいうところの「意思表示」にあたります。したがって意思表示は、「一定の権利の発生・変更・消滅を生じる事項を欲し、かつその旨を外部に表示する行為である」ということになります。

法律行為が成立するためには、意思表示が不可欠であるということが分るでしょう。この点に着目すれば、「法律行為は意思表示を要素として成立する法律要件である」ということができます。

3. 法律行為の分類

結局、法律行為は、「意思表示を要素として成立する法律効果を発生させようとする行為を指す」と抽象化・類型化して捉えられます。法律行為は、その意思表示の結合の態様に応じて、単独行為・契約・合同行為の3種に分類することができます。

❖ 3-1. 単 独 行 為

単独の(1個の)意思表示を構成要素とする法律行為です。単独行為はさらに、「相手方のある単独行為」と「相手方のない単独行為」とに分類できます。前者は、特定の者に対してなされるものを指し、後者はそうでないものを指します。前者の例としては、相殺の意思表示(民506 I 本文)があり、後者の例としては、遺言(民960以下)があります。例示したそれぞれの行為は民法で学んで下さい。

単独行為は、行為者だけの意思に基づいて成立しますから、自由かつ広範にその効果を認めることは適当ではありません。原則として、法律がとくに認めた行為類型に限ってその効果を生じます。

❖ 3-2. 契　約

互いに対立する複数の（2個以上の）意思表示を構成要素とし、それら意思表示の内容が合致することによって（意思表示の当事者の合意によって）成立する法律行為です。互いに対立するとは、表意者相互にとって、経済的意義の異なる法律効果が発生することを意味しているのだとイメージしておけば（必ずしも正確な表現ではありませんが）、財産法を中心に学修する本書の進行上は差し支えないでしょう。契約は、この類型に属する法律行為が成立することによって、一方が権利を取得すれば、他方がそれに対応する義務を負担することになる、というイメージで捉えられます。

もっとも単純な2当事者間の契約は、一方の「申込」と呼ばれる意思表示と、他方の「承諾」と呼ばれる意思表示が合致することによって成立します。わが民商法は、その基本的指導原理として、後に述べるように「契約自由の原則」を認めており（第4章2-2）、契約は、市場経済社会、資本主義経済体制における生産と流通にきわめて重大な機能を果たしています。

❖ 3-3. 合同行為

複数の（2個以上の）共同した意思表示を構成要素として成立する法律行為です。契約と異なり、各当事者の意思表示が同一方向に向けられているのだとイメージして下さい。つまり、各表意者は、同一の経済的意義を有する法律効果の発生を欲しているのです。社団法人の設立行為がその例です。先走った記述になりますが、株式会社を設立するにあたり、発起人と呼ばれる者たちが、設立に際して発行される株式総数の全部または一部を引き受けるという行為は、合同行為に該当する行為です（第9章3-2）。

4. 意思表示を理解する

❖ 4−1. 意思表示をさらに分解してみる─────────────

　意思表示とは、先に述べたように「当事者が一定の法律効果の発生を欲して、その旨を外部に表明する行為を指す」と定義できます。このような行為を、私たちは、そうであると意識することなく、日常当然のように行っています。たとえば、コンビニエンス・ストアで缶コーヒーを１本購入する場合を考えてみましょう。

　ごく通常の場合、購入者は、以下のような精神作用を経ることになるでしょう。

　「喉が渇いたな、コーヒーが飲みたい」と心の中で思います。これは、意思表示の要素ではありません。この部分は、意思表示の前段階、「動機」といわれる部分です。

　次いで、ショー・ケースの前で、いろいろな種類の缶コーヒーを比較検討して（価格なども含めて検討して）、「よし、このコーヒーを買おう」と心の中で決定します。これが意思表示の最初の段階です。この部分を① 効果意思といいます。「効果意思」とは、「特定の法律効果の発生を欲して内心の意思を決定する段階」のことであるとイメージして下さい。

　次いで、この者は、缶コーヒーを手に「レジに行かねば」と思います。これが意思表示の第２段階で、② 表示意思といわれる部分です。「表示意思」は、「①で形成された内心の意思を外部に表明しようと決定する段階」のことであるとイメージして下さい。

　最終的に、この者は、手にした缶コーヒーをレジに差し出します。この行為は、意思表示の最終段階であり、③ 表示行為といわれる部分です。「表示行為」は、「実際に①を外部に対して表明する段階」のことであるとイメージして下さい。この例で分かるように、③は必ずしも言葉という伝達手段を用いなくても可能な行為です。③においては、その行為を客観的に観察することによって表意者の欲する法律効果がどのような内容であるか、これが特定できるのであれば、それで十分なのです。

　意思表示にあっては、①の段階で内心の意思が表意者のまったく自由な思

考によって健全に形成され、かつ、③において、①で形成された内心の意思がそのまま完全に反映されているならば、その意思表示には何の瑕疵もありません。「瑕疵」という単語は、きず・欠点という意味を有しますが、とりあえず「完全な要件が備わっていない状態」を指す意味で法律学でよく用いられる単語であると捉えておいて下さい。

意思表示に瑕疵があるというのは、どのような場合でしょうか。これは、大きく以下の2つの場合が考えられます。まず、何らかの理由で①と③の間に不一致が生じる場合です。次いで、①の形成段階に他人の不当な干渉が存在する場合です。

❖ 4-2. 意思の欠缺

上の①と③の間に不一致を生じた意思表示の類型を「意思の欠缺」といいます。

「缺」という漢字は、缶すなわち瓶が夬する（割れる）という意で、欠けるということを意味します。音が近いために、俗に欠を缺の略字に誤用したことから、「欠」をもって欠けるの意味とする理解が広がりました。わが国の教育漢字もこれに依拠し、欠を欠けるの意で用いています。したがって、「欠缺」とは、欠けるという字を重ねて作られた単語です。「あるべきものが無い」という強い意味を持つ法律学上の用語です。

意思の欠缺とは、③に対応する①が欠けていると言い換えることができますから、①と③の不一致類型であると捉えておけばいいわけです。

第2章 意思表示法律行為とは何か

4−2−1. 心裡留保

たとえば、AがBに以下のように言ったとします。「この横断歩道を逆立して渡ったら100万円進呈しよう」。

これはいわゆる冗談の類に属する意思表示です。そもそもAに100万円を贈呈しようという意思はありません。Aの真意、①の部分ですが、「100万円を贈呈するつもりはない」ということになります。ところが、③の部分は、「100万円を贈呈しよう」と表示しています。①と③とが不一致であると分りますね。そして、表意者たるA自身に、①と③とが不一致であるという認識があります。

このように①と③とが不一致であり、かつ、表意者に不一致の認識があるというパターンの意思表示を「心裡留保」といいます。

4−2−2. 通謀虚偽表示

Aは、脱税を目的に、自己の財産を隠匿しようと考えました。そこでBと謀って、自己の土地をBに売却したことにしました。AとBの間で形ばかりの売買契約が締結されたとしましょう。このとき、AもBも、形式的に売買契約締結に向けて、互いに意思表示をします。両者の意思表示に注目してみましょう。

Aの真意、①の部分はどうでしょう。「真に土地を手放すつもりはない」というものです。ところが、Aの③の部分は、「土地を売ろう」となっています。Bの真意、①の部分は、「真に土地を入手するつもりはない」というものです。同じく、Bの③の部分は、「土地を買おう」となっています。

AB共に、①と③が不一致であり、AB共に不一致の認識があります。

上のような例を「通謀虚偽表示」といいます。意思表示のパターンとしては心裡留保と同じ構造です。通謀虚偽表示は心裡留保の特殊な形であると捉えられます。

4−2−3. 錯　　誤

Aは、10万円のテレビを売却しようと、広告を作りました。「最新型大画面ワイドテレビをなんと価格10,000円で提供します」。10万円と表示すべき

ところを、1万円と表示してしまったわけです。

Aは、アメリカ・ドルとオーストラリア・ドルとが同じ価値であると思っていました。そこで、1,000米ドル相当のDVDプレーヤーを売却しようと、「最新DVDプレーヤーを何と価格A＄1,000で提供します」と放送してしまいました。

前者の例で、Aの①の部分は「10万円で売ろう」となっていますが、③では「1万円で売ろう」と表示をしています。①と③とは不一致です。後者の例で、Aの①の部分は、「1,000米ドルで売ろう」というものですが、③は「1,000豪ドルで売ろう」となっています。やはり①と③とは不一致です。両者の例とも、表意者たるAには、不一致の認識がありません。このような意思表示の類型が「錯誤」による意思表示です。①と③とが不一致であることは、心裡留保や虚偽表示と同じですが、表意者に不一致の認識がない点で異なります。

前者の例は、単に表示自体を誤ったという例です。このようなものを「表示上の錯誤」といいます。言い間違いや書き間違いがこれに属します。後者の例は、表示を構成する記号や単位の意味（これらを含む言語の意味）を誤解したという例です。このようなものを「内容の錯誤」といいます。

以上に対し、たとえば、甲地という原野に高速道路の建設が予定されていると知ったAが、これを転売して利益を上げようと考えて甲地を購入したところ、高速道路の建設は根も葉もない噂であったという場合があります。このとき、「甲地を買います」というAの意思表示は上述の意味における錯誤には当たりません。「高速道路建設により甲地は値上がりするだろう」というの

は、意思表示の構成要素ではなく、その前段階の「動機」にすぎないからです。この動機から導かれるAの①の部分は「甲地を買おう」であり、③の部分も「甲地を買おう」ですから、①と③に不一致はありません。上のような例を「動機の錯誤」といいます。動機の錯誤は狭義の錯誤とは区別される概念です。

4−2−4．表示主義と意思主義

　上に述べたような意思表示がなされた場合、そのような意思表示の効力が問題とされなければなりません。

　まず、民法93条を見て下さい。民法93条は1個の段落から成る条文ですが、2つの文章から構成されており、両者が「但（し）」という接続詞で繋がれています。平たく言えば、原則と例外とを規定するという体裁をとっています。このような体裁をとる条文にあっては、前半の原則に当たる部分を「本文」といい、後半の例外に当たる部分を「但書」といいます。

　民法93条本文に注目しましょう。同条本文は、表意者が①と③とが不一致であると認識してなした意思表示は、「其効力を妨げらるることなし」と規定しています。すなわち、心裡留保による意思表示は「完全に有効な意思表示になる」といっているわけです。これは、表示されたとおりの効力を持つという意味ですから、③はそのままの効力があるということです。つまり、表意者の真意である①の部分を犠牲にして、③の部分の効力を認めているわけです。①を犠牲に③の効力を認めるということは、取りも直さず、③を信頼した意思表示の受け手を保護するということです。①を犠牲に③の効力を認める法政策は、表意者の真意を犠牲に表示行為を信頼した相手方を保護するという政策であり、このような法政策を「表示主義」といいます。ただし、表意者の真意を知っている相手方（常識的に真意を知るべきであった者を含む）を保護する必要はありませんから、民法93条但書は「但相手方が表意者の真意を知り又は之を知ることを得べかりしときは其意思表示は無効とす」と規定し、表意者を例外的に救っているのです。以上、民法は心裡留保による意思表示につき、表示主義を原則とすることが理解できたことと思います。

　虚偽表示については、民法94条が規定しています。同条1項は、通謀虚偽

表示の当事者間の意思表示の効力を規定しています。先の4-2-2の例でいえば、仮装売買の当事者であるAおよびBの売買契約締結に向けた意思表示は、同条1項によれば「無効とす」ということですから、両者の間では、土地の売買は最初から効力がなかったことになります。したがってAB間では、この土地は依然としてAに所有権があります。

ところが、同条2項は、「前項の意思表示の無効は之を以て善意の第三者に対抗することを得ず」と規定しています。「善意」という単語は、法律用語として、「事情を知らない」という意に用いられる基本的な単語です。逆に「事情を知っている」という意に用いられる単語が「悪意」です。「対抗することを得ず」というのは、「当事者間の真の権利関係はこうであると主張することを許されない」という意に解して下さい。そうすると、同条同項は、以下のような場合を規整することになります。4-2-2の例で、AB間の仮装売買を真の売買だと信じたCが、Bに当然にこの土地の処分権があると信じて、Bからこの土地を購入したとします。Cは、この土地を無事に取得することができるでしょうか。民法94条2項を適用すれば、答は分りますね。AB間では双方の意思表示が無効であり、したがって、土地の真の所有者はAであるという権利関係を、ABの表示行為を信じた事情を知らないCに対し、Aが主張することを許されないのですから、CはBとの売買を通じて土地を取得することができるという結論になります。この結論から分かるように、民法は、虚偽表示についても表示主義を採っています。

錯誤については、民法95条が規定しています。同条本文に注目して下さい。「意思表示は法律行為の要素に錯誤ありたるときは無効とす」とあります。上で観た同93条や94条とは法政策が異なるということに気が付きましたか。民法95条は、意思表示の受け手を犠牲にして、表意者の真意を保護するという法政策を採用しています。これを「意思主義」といいます。ただ同条但書によれば「但表意者に重大なる過失ありたるときは表意者自ら其無効を主張することを得ず」と規定していますから、例外的に表示行為を信頼した相手方が保護される場合があります。「重大な過失」とは「故意に準ずるほどに重い過失」という意味です。表意者を保護するのが民法95条の基本的スタンスですから、表意者の意思表示の無効を否認しようと欲する相手方において、

これを主張し、裁判上はその立証をしなければなりません（表意者に「重大な過失」があったということを裁判官に納得させなければなりません）。裁判で争う場合も、意思表示の受け手にこのような負担（立証責任あるいは挙証責任という）が課せられているのです。

取引という観点から、以上にまとめた民法の法政策を評価すれば、表示主義の方が取引の安全に資する法政策であるという程度のことは、漠然とではあれ、理解できるでしょうか。理解できると思われる人は、さらに先に進んで下さい。理解できない人は、本章4－1に戻って再スタートして下さい。

❖ 4－3．瑕疵ある意思表示

表意者の意思表示の過程に第三者が不当に介入して、不健全な形で表示行為に至らされるという類型が「瑕疵ある意思表示」といわれるものです。これには、「詐欺」と「強迫」があります。

「詐欺」による意思表示とは、他人に欺かれて錯誤に陥らされて意思表示をさせられるという場合です。「強迫」による意思表示とは、他人に害意を示され、恐れおののいて、不本意な意思表示をさせられるという場合です。

たとえば、Aが尾形光琳作と伝えられる日本画の名品を所有していたところ、本物であるにもかかわらず、Cから「よく出来た贋作だから二束三文の値でしか売れないものである。早く手放した方がよい」と騙されて、Bに対して廉価で売却する意思表示をしたような場合が前者の例です。また、Bが一人暮らしのAの許を訪れ、「昨日刑務所を出たばかりなのだが生活雑貨を買わないか」などと威圧的に購入を要求し、Aがこれに応じたような場合が後者の例です。

詐欺または強迫による意思表示の効力については、共に民法96条が規定しています。同条は、1項ないし3項によって成り立っていますが、2項および3項は、もっぱら詐欺の場合に関する規定です。同条1項によれば、「詐欺または強迫による意思表示は之を取消すことを得」と規定されています。「取消」という意味から説明しましょう。「取り消すことができる行為」というものは、取消があるまでは有効なものとして扱われます。しかし、取消があると、その法律行為ははじめから（行為のときに遡って）無効であったことにな

り、当事者間に一応生じていた法律関係（権利義務関係）は最初から生じなかったことになります。取消ができるのは、特定の取消権者に限られます。取消の方法は、その相手方が確定しておれば、相手方に対する一方的な意思表示によります（民 123 参照）。民法 96 条 1 項においては、表意者が取消権者になります。

強迫による意思表示は、表意者において常に取消が可能です。すなわち、不本意な意思表示をさせられた表意者が保護されるわけですから、民法は、強迫については意思主義を採っています。

しかし、詐欺による意思表示の取消は、民法 96 条 2 項および 3 項によって、かなり制約を受けます。先の例で、Ｃの詐欺により、光琳の絵の売却の意思表示をさせられたＡは、購入の相手方たるＢが、Ａの意思表示はＣに騙された結果なされたものであるという事実を知っているときに限って、取消をすることができるにすぎません（民 96 Ⅱ）。たとえば、ＡがＢに騙され、「その鉱山は鉱脈が尽きている」と教えられて、有望な鉱山をＢに安く売却してしまったとき、Ａは、Ｂに対して詐欺による意思表示の取消を主張できるでしょうが、そのような事情を知らずにＢから転売を受けたＣに対しては、取消を対抗することができません（民 96 Ⅲ）。このように、詐欺による意思表示に関しては、民法は表示主義を採用しているのです。

5. 取引の安全と表示主義

表示主義は、先に述べたように、「表示行為を信頼した相手方は保護されるべきである」という価値判断に基づく法政策です。この延長線上にあるのが「取引の安全は保護されなければならない」という価値判断です。取引の実際は、相手方の表示行為を信頼して、そこから相手方がどのような法律効果の発生を欲しているのかを察知するところから始まるからです。

本章では民法 93 条ないし 96 条の意味内容を相当に噛み砕いて説明しました。そうしたのは、これらの条文の理解が取引法を知る上での基本中の基本であるという理由からです。また、民法総則の学習で、初学者が民法を投げ出すことになる最初の難関がこの部分であるという理由からです。

商取引の世界においては「取引の安全」は何よりも尊重される保護法益になります。そこでは表示主義的法政策が重要な役割を果たすのであるということを頭の片隅に止めておいて下さい。

第3章 実際に法律行為をなすにあたっての諸問題

1. 単独で法律行為ができる人とできない人
　　　　──意思能力と行為能力

　すでに述べたように（第1章2–6）、およそ自然人は、原則として平等な権利能力を有していますから、権利義務の帰属主体たりうる資格を形式的に平等に与えられています。ところで、自然人が具体的な権利義務の帰属主体となる事由のうち、社会的に最も普通にみられるのは、各人の精神作用に基づく行為・行動を通じて権利義務の内容が具体化するというケースであり、法律行為とりわけ契約を締結するという行為が典型的なものであると考えられます。

　しかし、意思表示を要素とする法律行為をなすには、その前提として、「自己の行為の結果を弁識し判断することのできる能力」が一定程度の水準に達していることが必要です。上のような意味における「能力」を「意思能力」といいます。ここで用いられる「能力」という単語は、日常用いられる個人の資質を表す指標としての能力と同義です。すなわち、意思能力の程度には、個人差がありますし、同一人であっても、時間によって異なります（たとえば、泥酔時には相当に低下します）。

　恒常的に意思能力を欠く者あるいはその発達の程度が極端に未熟な者に、単独で法律行為をさせるわけにはいかないということは、常識的に理解できると思います。このような社会的弱者に単独で法律行為をなさしめることは、飢えた猛獣の群れの中に子羊を放つようなものでしょう。

　そこで「恒常的に意思能力の未成熟な状態にある社会的弱者については、この者の法律行為を手助けできる者を後見に付けるべきである」という発想が生まれます。

　ところが、この発想自体は肯定できるものの、それこそ運転免許証を与えるように、すべての自然人を対象に、意思能力の発達の程度を調べて「オト

ナの分別」ができる者に単独で法律行為をすることを許すというわけにもいきません。それゆえ、市民社会が納得できる程度の合理性がある形式的基準によって、単独で法律行為をなすことを許される者とそうでない者とを大胆に線引するという法政策を採用せざるをえないということになります。この形式的基準の指標として用いられる概念を「行為能力」といいます。すなわち、「行為能力」とは「単独で法律行為をなすことを許される形式的資格」であるということになります。このような形式的資格を認められる者を「行為能力者」といい、これが認められない者を「制限能力者」といいます。

行為能力を与えるか否かの第1義的な形式的基準は、「年齢」です。この能力の有無という形式的基準の根底にあるのは、躾（しつけ）や教育によって備わる社会的動物としての人間の精神性は年齢とともに発達するはずであるという判断です。民法は、満20歳という年齢をもって線を引きました（民3）。自然人は、満20歳に達すれば、画一的に「成年」として完全な行為能力を与えられます。形式的基準ですから、個々人の意思能力の発達の程度とは無関係です。成人式でことさらに暴れて周囲の顰蹙（ひんしゅく）を買うような幼稚な不逞（ふてい）の輩（やから）も20歳に達すれば自動的に行為能力者になります。20歳未満の「未成年」は、たとえ著名な文学賞を受賞できるほどの優れた資質を備えていても、「制限能力者」に分類されます。

次いで、成年であっても、加齢あるいは遺伝的疾患を含む各種疾患など、本人の人格的尊厳とは無関係に意思能力の発達が未成熟であったりこれが後退する者がいます。民法は、このような者を保護すべく、ある程度肌理（きめ）の細やかな現実的な対応にも配慮して、「成年後見制度」という制度を設けています。すなわち、民法は、未成年者のほかに、「成年被後見人」「被保佐人」「被補助人」という制限能力者の類型を定めました。

これらの類型に属する制限能力者は、本人を含む特定の範囲の者の請求によって、家庭裁判所が制限能力者とすべきか否かにつき審判をなして初めて制限能力者に分類されることになります。

これまで述べたところをまとめると、民法は自然人のなす法律行為については、以下のような政策を採用しているということになります。すなわち、民法は、行為能力という形式的基準を設けることにより、意思能力の十分な

者とそうでない者とを形式的に区分することにしました。そして、未成年・成年被後見人・被保佐人・被補助人という4種類の定型を設け、この定型に該当する者を制限能力者に分類し、そうでない者を一律に行為能力者としました。そして、行為能力者には、単独で無制限に法律行為をなすことを許したのです。

以下は民法で学んでほしいのですが、民法は、制限能力者については、その行為能力を補完する者を定めるとともに、制限能力者が単独で行った一定の法律行為だけを取り消すことができるという形でこの制度を運用しています。本書ではその詳細は省略します。次に述べる代理制度を理解すれば、十分に独学に耐えうる制度であるからです。

2. 他人を使った法律行為——代理

❖ 2-1. 代理制度の利用——法律行為上の自己の分身としての他人

現代の社会は活発な取引社会です。その取引の範囲は、量的のみならず空間的にも拡大の一途をたどっています。したがって、自己のためにするあらゆる法律行為をすべて1人だけで処理するということが困難になります。そこでどうしても他人の力を利用するという仕組が必要になるのです。つまり、法律行為をなすにあたり、自己の分身としての役割を担う他人の力が必要であるということです。この仕組のために発達したのが「代理制度」といわれる制度です。

❖ 2-2. 代理とは何か

代理を定義すると、「代理人と称される他人が、本人とは独立に意思表示をなし、または意思表示を受けるにもかかわらず、その意思表示に基づく法律効果は直接本人に帰属するという仕組である」ということになります。

Aを本人、Bを代理人、Cを取引の相手方としましょう。たとえば、「甲地を5,000万円で買おう」と実際に意思表示を発するのはBであり、「その値で売ろう」という旨のCの意思表示を受領するのもBであるにもかかわらず、これら意思表示に基づく効果がAに帰属するというわけですから、売買契約

の効果はＡＣ間に発生し、ＡはＣに対して「甲地を引き渡せ」と請求する権利を取得し、ＣはＡに対して「5,000万円を支払え」と請求する権利を取得することになる、というのが代理の仕組です。

それでは、ＢＣ間で契約が成立せずに、ＡＣ間で上のような効果が生じるための要件はどのようなものか、これを解明してみましょう。

❖ 2−3．代理権授与行為

上のような効果をもたらす第１の要件は、本人Ａと代理人Ｂとの間に特殊な関係が存在しなければならない、ということです。すなわち、Ｂの代理行為が代理行為として有効に成立するためには、Ｂにおいて、Ａのために行為できる代理権という権限がなければなりません。

まず、Ａの信任とは関係なく、法律によって当然にＢに代理権が与えられる場合があります。これを「法定代理」といい、Ｂを「法定代理人」といいます。たとえば、未成年の子の親権者は、その子のために一定の法律行為をなす代理権が与えられています（民４Ｉ参照）。法定代理にあっては、代理人の指定とともに、その代理人の権限（代理権の及ぶ範囲）も法律によって示されているというのが一般的です。

取引の分野では、上の法定代理に対し、「任意代理」といわれる代理制度のほうが一般的でありより重要な機能を果たしています。

任意代理とは、たとえばＡがＢに対し、「この土地をしかるべき価格で売却

してほしい」と依頼し、Bがこれを承諾する契約を結ぶといった形で、BがAの代理人となります。この契約の中でなされたAのBに対する権限の付与を「代理権授与行為（授権行為）」といいます。任意代理は、本人と代理人との間に「授権」という行為があることを前提に成り立つものです。

上に示した土地の売却依頼の例は、AB間に「委任契約」と呼ばれる契約が締結され、その契約にともなって代理権が授与されたというものです。委任契約の定義は民法643条にあり、「当事者の一方が法律行為を為すことを相手方に委託し相手方が之を承諾するに因りて其効力を生ず」という内容の契約です。委任契約は、取引の分野では重要な契約類型です。古くは、代理は委任と一体的に考えられがちでしたが、本人と代理人との法律上の関係は、委任に限られるものではなく、雇用（民623）や請負（民632）といった契約関係にともなって生じることもあります。このように代理権の授与は、他の契約にともなってなされるのが一般的です。代理権授与の態様はさまざまであり、定められた様式はありません。

Bが、Aの代理人として具体的にどういう範囲でどういう行為ができるのか、という点は、代理権授与行為の内容によって定まることになります。

❖ 2-4. 顕名主義

Bの代理行為が有効に成立する第2の要件は、Bにおいてその行為の効果をAに帰属させようとする意思が存在しなければならない、ということです。この意思を「代理意思」といいます。すなわち、Bは「Aのためにする」意思を持って代理行為をしなければなりません。

第3に、Bが、行為の効果をAに帰属させたいと欲するのであれば、Bは、「Aのためにすることを示して」Cと取引をしなければなりません。つまり、Cに対して、自分はAの代理人たる資格でAのために行為しているのであるということを理解させる必要があるのです。これを「顕名主義」といいます。

「明かし方の度合」ですが、意思表示がなされる際のBの行為全体から見て、BがAのためにしているのだなということがCに了解できる程度で十分です。ですから、たとえば、「この品物の請求書はAに回してください」といった程度の表示でも、十分に顕名の要件を満たすものと思われます。

❖ 2-5. 自己契約・双方代理

　任意代理においては、Aの「人を見る眼」が大切になります。代理人Bが
Aのために代理行為をなすに際して判断を誤り、Aに経済的損失が生じたと
しても、代理行為が上に述べた要件を満たしている限り、Aは損失という結
果を甘受しなければなりません。Aに人を見る眼がなかった、自業自得だと
いうわけです。したがって、Aが差し支えないと考えれば、制限能力者を代
理人にすることも可能です。制限能力者たる代理人は、与えられた代理権の
範囲で単独で行為することができます。

　ところで、たとえばAが「君が妥当と考える価格で私の甲地を売却して欲
しい」とBに依頼したとします。このとき、Bが、A代理人たる資格でB自
身と売買契約を結ぶことは、理論上は可能です。しかし、このような行為を
無制限に許すと、Bは、Aの利益を犠牲にして、容易に自己の利益を図る立
場を手に入れることになるでしょう。売却価格の決定についてもBに代理権
が与えられていますから、Bは時価よりもはるかに安く甲地を取得すること
ができることになるからです。

　同様のことは、一方でBがAの代理人となり、他方で買主たるCの代理人
となって甲地の売買契約を締結する際にも生じます。Aの加減次第で、一方
的にAまたはCが不利益を被ることになるでしょう。

　代理人Bが自ら契約の相手方となる場合を「自己契約」といい、代理人が
契約当事者双方の代理人となる場合を「双方代理」といいます。上で示した
ような弊害が生じるおそれがあることにかんがみ、民法は原則として自己契
約・双方代理を禁じました（民108）。もしこの禁止に違反した行為がなされ
たときは、後に述べる無権代理になると解されています。

❖ 2-6. 無権代理

　代理権を持たない者が代理人と称して勝手に行為した場合、あるいは、代
理人が与えられた代理権を逸脱して、その範囲の及ばない行為をした場合を
考えてみましょう。

　Aに雇われていたBが、Aに無断でAの代理人と称し、Cから大量の商品
を買い付け、これを横流しして換金し、逃走したと仮定しましょう。このよ

うなBの行為を「無権代理」といいます。Cは、商品代金をAに請求できると信じていますから、Aに支払を請求します。ところがAにとっては寝耳に水の話です。このとき、Aを保護すべきか、Cを保護すべきかという問題が生じます。

　AがよほどD特な人物であれば、Cの請求に際し、「自分の不徳の致すところであるから、Bの代理行為を認めよう」と申し出るかもしれません。それなら、話は速やかに解決します。このようなAの意思表示を無権代理行為の「追認」といいます。Aの追認があれば、Bの無権代理行為は、行為のときに遡って、Aにその効果が帰属することになります（Bに代理権があったのと同じ結果になる）（民116本文）。しかし、実際問題として、Aが追認するという事態はきわめて稀でしょう。

　原則的には、Bの勝手な無権代理行為は、Aの追認がない限り、Aのために効力を生じることはありません（民113Ⅰ）。この結論は常識的に理解できるでしょう。自分の与り知らないところで、他人の勝手な行為によって責任を負わされるような社会には安心して暮らせないからです。ただ、そうするとCが泣き寝入りを余儀なくされることになり、せっかく法が認めた代理制度の円滑な運用が不可能になるでしょう。この結果を是認すれば、Cは、代理人と称する者を相手にする場合は、その都度本人に対して代理権をどのような範囲で与えたのか確認する作業を強いられることになるからです。

　民法は、無権代理行為の相手方Cに対し、次のような手当てを用意しました。まずCは、「追認する気があるなら、いついつまでに返答せよ」という形でAに照会することができます。このような照会を「催告」といいます（以上、民114前段）。

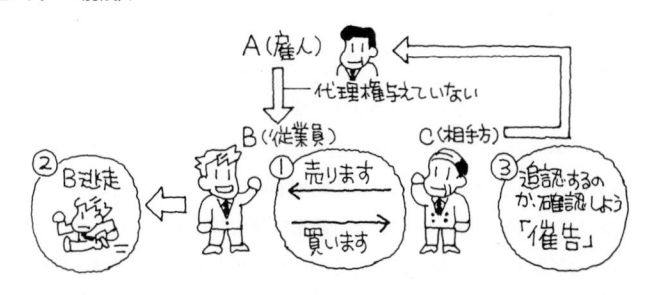

民法114条のように、ひとつの段落から成っている条文が、並列的な2つの文章で構成されているとき、前半の文章を「前段」といい、後半の文章を「後段」といいます。「催告」とは、「相手方に対して一定の行為をせよと請求することである」と捉えておいてください。上に述べたように、Aが容易に追認するとは思えません。なお、AがCの催告を放置し、期限を徒過すれば追認が拒絶されたことになります（民114後段）。次いで、Cには、このようにして結ばれた売買契約を取り消す取消権が与えられていますが（民115）、上のような例では、すでにBは商品を換価して逃走してしまった後ですから、契約取消権は何の役にも立ちません。さらにCには、無権代理人Bに対して、契約の履行（上記の例では、商品代金の支払）の請求または損害賠償の請求のいずれかを選択的に行使できますが（民117Ⅰ）、たとえ運良くBの所在を突き止めることができたとしても、事実上、Bには十分な資力がないでしょうから、Cに与えられた保護策は、絵に描いた餅も同然なのです。

　そこで民法は、代理制度を円滑に運用し、取引の安全を守るために、無権代理人と本人との間に一定の特殊な関係があると認められるときには、一定の要件の下に、本人の利益を犠牲にして取引の相手方を保護するという政策を制度化したのです。これを「表見代理」といいます。

❖ 2-7. 表見代理

2-7-1. 代理権消滅後の表見代理

　Aは、その従業員Bを取引先Cの担当者に任命し、Cからの商品の買付を任せていましたが、素行不良を理由にBを解雇しました。Bは、解雇されたにもかかわらず、Aの代理人と称してCから商品を買い付け、これを横流しして金に換え、行方をくらましました。Cは、Aに商品代金を請求できるでしょうか。

　上の例では、Aはともかく正当な代理権をBに与えていた時期がありました。その時期には、BはAの代理人としてCとの間で円滑な取引を遂行していたものと思われます。しかし、Aの解雇通告により、Bは代理権を失ってしまいました。解雇以降のBの行為は無権代理になります。ところが上の例で、AがBを解雇した旨をCに伝えていなかったとすれば、Cは、B相手の

取引は従来と同じくAに対してその効果を生じると信じるのが普通でしょうから、Aに責任がないという結論を採るのはCに酷な結果になるでしょう。

民法112条は「代理権の消滅は之を以て善意の第三者に対抗することを得ず、但第三者が過失に因りてその事実を知らざりしときは此限に在らず」と規定しています。すなわち、Cが、Bの代理権が消滅していたという事実を過失なく知らなかった場合に限り（善意無過失という）、Aは、Bが無権代理人であったという事実をCに主張することを許されず、したがって本人としての責任を負わなければならないことになるのです。このような類型を「代理権消滅後の表見代理」といいます。

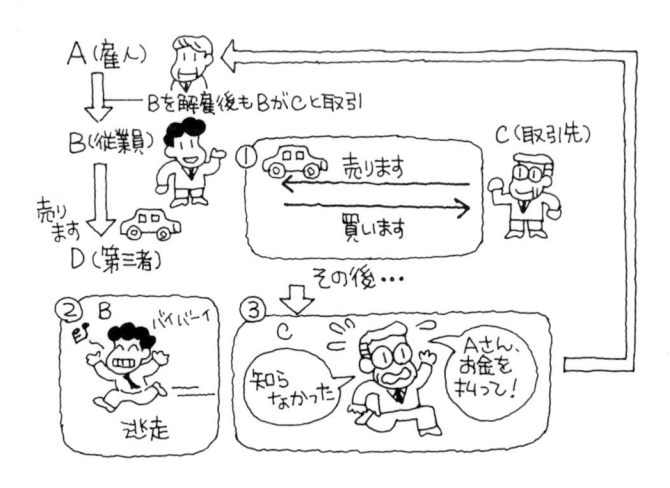

2-7-2. 代理権授与の表示による表見代理

関西で健康食品の販売をしているAが、中部地方の新聞紙に「私が販売している健康食品は、愛知・岐阜の両県ではBを通じてお買い求めいただけます」という旨の広告を掲載しました。ところが、AとBとの間で提携契約の交渉中にトラブルが生じ、両者の仲は決裂しました。広告を見たCは、Bに商品を注文し、代金を支払いました。Bは代金を着服し、行方をくらましました。Cは、Aに商品の引渡を請求できるでしょうか。

上の例では、Aは商品の販売につき、Bに代理権を与えたという旨を表示

第3章 実際に法律行為をなすにあたっての諸問題　35

しています。特定の相手方にではなく、広く不特定の相手方に表示しています。しかし、両者の仲が決裂したことにより、代理権は与えられていません。Bのなした C との取引は無権代理になりますが、この例で新聞広告を信じた C が保護されないのは酷であると感じる人がほとんどでしょう。

民法 109 条は「第三者に対して他人に代理権を与えたる旨を表示したる者は其代理権の範囲内に於て其他人と第三者との間に為したる行為に付き其責に任ず」と規定しています。代理権を与えた旨の表示方法に特に制限はありませんから、どのような様式であれ、特定の相手方に対する表示でも、本例のように不特定の相手方に対する表示であってもかまいません。C は、民法 109 条に依拠して A に商品の引渡を請求できると解されます。ただ、民法 109 条は、上に述べた民法 112 条と同一精神に基づく規定ですから、民法 112 条が明文をもって C の善意無過失を要求していることとの均衡上、民法 109 条に依拠して C が保護されるためには、同条が適用される場面では、C に善意無過失が要求されると解されなければなりません。民法 109 条は、その文言を表面的に追う限り、C の善意無過失を要求していないのですが、解釈上、この要件を補ってやる必要があるわけです。最初はとまどいを感じると思いますが、すぐに慣れると思います。

上のような類型を「代理権授与の表示による表見代理」といいます。

2-7-3. 権限踰越による表見代理

A は B に対して、「私の土地と家屋に抵当権を設定して C_1 銀行から 5,000 万円を借りてきて欲しい」と依頼し、B に委任状と必要書類一式を預けました。B は、この委任状を改ざんして、A の土地に抵当権を設定の上 C_1 銀行から 6,000 万円を借り入れ、これを着服しました。さらに勝手に A の家を C_2 に売却のうえ、この代金まで着服して行方をくらましました。

上の例で、A は、行為の内容および金額に明確な制限を加えて B に代理権を与えています。B は、C_1 銀行に対する関係では、A から与えられた代理権の内容に副う行為をしていますが、金額は代理権の範囲を超えています。一方、C_2 に対する関係では、与えられた代理権の内容と異なる行為をしています。C_1 は A に対して融資金の返済を請求できるでしょうか。また、C_2

はAに対して家屋の引渡を請求できるでしょうか。

　C_1にせよC_2にせよ、Aの本人としての責任を問う場合に両者共に依拠できるのは民法110条であると思われます。同条は「代理人が其権限外の行為を為したる場合に於いて第三者が其権限ありと信ずべき正当の理由を有せしときは前条の規定を準用す」と規定しています。

　同条にいう「準用」とは「甲に適用する規定を、甲とは類型の異なる乙に関して、必要があれば修正をしつつ、あてはめて用いること」をいいます。民法110条は、まったくの無権代理というわけではないが、代理人がその与えられた権限を越えて行為したときに適用される規定です。同条は、C_1またはC_2において、Bにその行為をする代理権があると信ずべき「正当の理由」を有することを適用要件としています。「正当の理由を有する」とは、C_1らにおいて、Bがその行為をする代理権があると「過失なく信じた場合である」と言い換えることができるでしょう。結局、民法110条も、同109条、112条と同様に、Aの責任を問うためには、C_1らの善意無過失を要求していることになります。

　このような類型を「権限踰越による表見代理」といい、一般に「越権代理」といいます。なお、越権代理に関する民法110条は、任意代理人の越権行為だけでなく、法定代理人の越権行為にも適用されます。

2−7−4．表見代理制度の根底にあるもの

　民法は、表見代理が成立する場合につき、以上3つの類型を定めました。いずれも共通して言えることは、CにおいてBに真に代理権が存在したと過失なく信じた場合に、これらの規定が適用されるということです。難しくいえば、表見代理が成立するためには、Cに善意無過失という主観的要件が必要であるということになります。表見代理が認められると、Aは真に代理権を与えたのと同様の効果を受けることになりますから、もはや無権代理を主張して責任を免れることはできません。もちろんAはBに対する責任追及が可能ですが、AB間については、不法行為（民709）または債務不履行（民415）といった処理準則に委ねられます。詳細は民法で学んで下さい。

　表見代理という法政策の延長線上には、「権利外観主義」という思想があり

ます。これは、「真実に反する外観が存在するとき、そのような外観を作り出した者の側に、それを作り出したことについての何らかの責められるべき事由（帰責事由）があり、一方で、そのような外観を信頼した者の側に落度がない（善意無過失という主観的事情がある）ならば、前者を犠牲にして後者を保護すべきであるとする法政策である」ということができます。もともとは、ドイツ法の理論ですが、英米法にも類似の法理が存在します（「禁反言の法理」という）。

この理論は、取引の安全を保護するという観点からきわめて有効な理論であり、取引法の分野では、その用いられる範囲も拡大しつつあります。表見代理制度について紙幅を割いて詳述しましたが、この制度を学ぶことは、権利外観理論を学ぶ第1歩として、重要な意味があるからです。

3. 法人の法律行為

❖ 3-1. 法人の機関

法人は、自然人と異なり、生身の肉体がありません。したがって、法人が法律行為をなすにあたっては、自然人の力を借りるよりほかありません。

法人の組織上、法令または法人の自治法規たる定款もしくは寄附行為の定めにより、一定の地位を与えられ、法人の意思を決定しまたは法人としての行為をなす権限を有する者または会議体を法人の「機関」といいます（話は横道に外れますが、この文章の「または」と「もしくは」の使い方に注意して下さい。法律の文章の約束事ですが、「AまたはBもしくはC」とあるときは、「Aまたは〔BもしくはC〕」と捉えて下さい。小さな括弧の中をorで結ぶときは「もしくは」を使用します。そして「A」と「B or C」を同列にorで結ぶときに「または」を用いるのです。ちなみに「AならびにBおよびC」とあるときは、「Aならびに〔BおよびC〕」と捉えて下さい。）法人の機関の地位にある者または会議体の意思決定または行為が、すなわち法人自体の意思決定または行為であると認められるのです。

会議体という形態をとる機関にあっては、機関としての意思形成を会議体の決議という形で決定することになります。したがって、そのような会議体

の決議の手続（法人の内部的意思決定手続）を定めなければなりません。

❖ 3-2. 法人の代表機関——理事

　民法上の法人には、必ず「理事」と呼ばれる機関が置かれます（必ず置かなければならない機関を「必要的機関」といいます）。理事は、法人の対内的な執行機関（法人を運営する機関）であると同時に、対外的には「代表機関」といわれる機関です。民法53条本文に「理事はすべて法人の事務に付き法人を代表す」とありますが、これが理事の代表機関たることを規定しているわけです。

　理事が対外的に法人のために法律行為を行う場合は、「社団（財団）法人Ａ代表者理事Ｂ」という形式で、すなわち法人のためにすることを示して、代表者理事たる資格で行為しなければなりません。かかる行為の形式は、代理人の代理行為と同一のものです。

　代理と代表とは観念的には区別しうる概念です。代理人の行為が本人のそれとは独立して捉えられるのに対し、理事の行為は法人そのものの行為と捉えられます。ただ、このような説明は、単にニュアンスの相違を説明したにとどまり、結局は、代表行為の形式および効果は、代理行為と異なるものではないといえるでしょう。

　理事の資格、員数、その任免の手続、任期等については、定款または寄附行為の定めるところによります。理事の任免に関する規定は、定款または寄附行為の絶対的記載事項です（民37⑤、39）。「絶対的記載事項」とは、その記載を欠くと、定款または寄附行為が無効になる記載事項のことです。社団法人の理事は、社員総会の決議で選任されるのが普通です。上に示したところによれば、民法は、理事の地位に関わる事項について、法人の内部の自治を広く認めていることがわかります。法人と理事との関係は委任であると解されます。理事への就任は、本人の承諾を待って成立します。

　理事は、定款、寄附行為または総会の決議により禁止されない限り、特定の行為の代理を他人に委任することができます（民55）。これはもっぱら、理事としての対内的職務執行の代理に関する規定であると解されます。体外的な法人の行為については、理事は、自由に法人のために代理人を選任するこ

とが可能です。

　理事が数人ある場合に、定款または寄附行為に別段の定めがないときは、法人の事務は、理事の過半数をもって決します（民52Ⅱ）。通常は、理事が数人ある場合には、定款または寄附行為により、理事会という会議体の執行機関を置くとともに、対外的な代表権を有する理事長（員数も定款または寄附行為の定めによる）を置く法人が多いようです。ここでも民法は、法人の自治を尊重しています。特段の定めがなければ、各理事は単独で法人を代表する権限を有します。

　なお、理事が数人ある場合に、定款または寄附行為によって、代表権の濫用や誤用を防ぐ趣旨で共同代表に関する定めを置くことができます。共同代表に関する定めを置いたときは、法人の代表たる相手方に対する意思表示は、理事全員が共同してこれをなさなければなりません。相手方の意思表示は、理事の1人に対してなせば足ります。共同代表の定めがなされても、相互間で特定の事項につき意思が合致しておれば、その外部への意思表示を1人に委任することは差し支えなく、特定事項につき1人に決定権限を委ねることも可能と解されます。しかし、制度の趣旨から、1人に代表権限を包括的に委任することは許されません。

❖ 3-3. 理事の代表権とその制限

　理事は、法人の事務につき法人を代表しますが、法人は、定款または寄附行為に定める目的の範囲内で権利能力を認められますから（民43）、理事が代表しうる法人の事務も、この目的の範囲内に限られます。ただ、先に述べたように（第1章3-7）、法人の目的の範囲は、その法人の目的達成のために必要な行為に及び、きわめて広く解されますから、理事の代表権の範囲は、事実上広範でかつ包括的なものとなります。

　理事の代表権は、定款または

寄附行為により、社団法人にあっては、社員総会の決議によっても制限されます（民53但書）。また、法令による制限にも服します。民法57条などがその例です。

❖ 3−4. 理事の専断行為、権限濫用行為と第三者の保護

　法人の目的の範囲外の理事の代表行為は当然に無効です。追認の余地はありません。しかし、法人と取引をした第三者を保護するため、このような代表行為をした理事は、民法117条所定の責任を負うと解するのが民法学説の趨勢です。しかし、法人の目的の範囲を広く解する立場からは、これに該当する理事の代表行為を考察する実益はありません。

　定款または寄附行為による代表権の制限に反して、加えて、社団法人にあっては社員総会による代表権の制限に反して、理事が専断的に代表行為をなした場合は、どうでしょう。取引の相手方は、そのような法人の内部的制限を知りえないことが通常でしょうから、理事の代表行為を無効とすれば、取引の安全が害されます。そこで民法54条は、「理事の代理権に加えたる制限は之を以て善意の第三者に対抗することを得ず」と規定し、この問題に対処しました。先に述べた表見代理規定によって保護される第三者と比較すると（本章2−7）、本条に依拠して保護される第三者には「無過失」が要求されていないことがわかります。この場合の第三者は、より強く保護されているわけです。

　法令による理事の代表権の制限がある場合、すなわち法人の権利能力の範囲内で本来認められるべき理事の代表権につき、その行使の要件や手続が法令によって制限されている場合に、これに違反して理事がなした専断的代表行為の効力はどうなるのでしょう。民法学者の議論においては、かかる代表行為には民法54条ではなく、民法110条を類推して、相手方が代表権を正しく行使していると信じるにつき「正当の理由」がある場合に限って（すなわち、相手方が善意無過失である場合に限って）保護すべしとするのが通説であるようです。「類推」というのは、法の解釈方法のひとつで、法規の定めた事項を拡充して類似の事項に推し及ぼすという意味です。法人の内部機構において理事の代表権を制限する場合と、法令によって外から代表権の範囲を画す

る場合とでは事情が異なり、法令による代表権制限に反する専断的代表行為については、相手方の法令の不知を保護すべきでないから、民法54条に基づく保護を与えるのは適当でないとされているのです。しかし、この場合でも、民法110条の類推適用をも否定し、取引の安全を犠牲にすることは適当ではなく、取引の安全を保護するために、民法110条の類推適用を認めるのが妥当であると考えられているのです。

次に、理事による代表権の濫用行為について考えてみましょう。代表権の濫用というのは、客観的には代表権の範囲内に属する行為をしているのではあるが、これを自己または第三者の利益を図るために行った場合（背信的意図を持って行った場合）をいいます。このような行為に関しては、民法93条但書の類推適用の可否が問題となります。民法学者の間で問題とされたのは、理事の法人のためにする旨の表示と自己または第三者のためにする意図との間の不一致が、心裡留保に類似するか否かという点です。そう考えるならば、理事の権限濫用行為には、民法93条但書が類推適用され、相手方が理事の背信的意図を知りまたは知りうべかりし場合に限って、法人はその行為に基づく責任を負わないことになります。しかし、とりわけ多くの商法学者は、理事の権限濫用行為に民法93条但書を類推適用することに批判的です。代表行為が成立するために必要な理事の意思としては、法人に行為の効果を帰属させようとする意思が存在すれば足りるわけで、法人の利益のためにする意思が存することは必要ないのですから、理事が権限の濫用を内心に留保したとしても、その行為には、心裡留保の類推適用に堪えうる同一属性があるとはいえないからです。このように考える立場は、「権利濫用の法理」や「信義則」といった一般原則を用いて解決を図ることになると思われます。すなわち、取引の相手方が、理事の権限濫用を知っているにもかかわらず（容易に知りえたにもかかわらず）、行為が有効であると主張し、法人に義務を履行せよと迫るのは、権利の濫用であり、信義則に悖ると構成することになります（民1Ⅱ・Ⅲ）。多くの商法学者は、このような場合には、「一般悪意の抗弁」による解決を主張しています。一般悪意の抗弁とは「原告（民事訴訟上、訴えて攻撃する側）が被告（訴えられて防禦する側）の真意を知っているときは、原告の権利行使を認めるのは無用のことであり、正義衡平にも反するという抗弁

を被告に認める」というものです。理論付けは区々ですが、具体的な事案における結論には差異はないでしょう。

❖ 3-5. 理事の行為のチェック体制

　すでに述べたように、法人の理事は、法人の対内的事務を執行するとともに、包括的な対外的代表権を合わせ持つ、きわめて強力な権限を有する法人の機関です。理事の有する対内的・対外的な法人の一連の管理・運営行為（法律行為、事実行為の双方を含む）を広く「業務執行」といいます。

　法人という組織にあっては、理事の業務執行の適法性や妥当性をチェックする体制が必要になります。

　社団法人にあっては、通常は、社員総会が理事の選任権（およびその裏返しとしての解任権）を留保していますから、このような権限を通じて理事を監督是正・コントロールするという方法が一応は確保できます。

　民法は、定款、寄附行為または総会の決議をもって、任意機関として（設置してもしなくても差し支えない機関を「任意機関」といいます）、「監事」という機関を置くことができると定めました（民58）。監事には、理事の業務執行の状況の監査をはじめ（民59②）、法人の財務監査を含む一定の権限が与えられています（民59参照）。しかし、対外的に法人を代表する権限はありません。

第4章 民法の役割、商法の役割

1. 市場経済社会の市民法

　私たちが生まれ育った日本は、先進資本主義諸国の一員であり、高度に発達した資本主義経済社会を有する国家です。つまり、市場経済体制による社会的分業が窮極といっていい程に完成された社会を有する国家です。

　私たちが明治初期に継授した欧米の近代法は、産業革命を成し遂げ、産業資本主義の進化の途上にあった社会を律するそれでした。したがって、私たちが継授したのは、資本主義経済体制を支え、その発展にとって望ましい原理・原則を基調とする法であったわけです。

　「市場経済社会」と呼ばれる社会はどのような社会でしょうか。これは、第1に、上に述べたように、社会的分業が完成された社会です。すなわち、互いの分業が有機的に関連し、補完し合うことによって、生活環境が整備された社会です。そのような社会にあっては、業種内および業種間の活発な取引（法律行為）が不可欠です。第2に、この社会は、各種の権利主体による「自由な競争」が保障された社会です。とりわけ経済上の自由な競争が保障された社会です。そこで競われているのは「富の蓄積」です。すなわち、より多くの財貨（利益）を獲得した権利主体が勝者となるというのが、この社会の根源的ルールです。そのような「富の蓄積」もまた、各種の取引を通じて行われます。

　このような社会では、万人が納得する「取引」に関する秩序が構築され、それが安定的に維持されなければなりません。さらに、取引に関する秩序・枠組

がそのまま自由競争のためのルールの役割を果たすことになります。取引に関する秩序を構築し、それを安定的に維持するという役割を担うのが、「取引の法」あるいは「取引法」と呼ばれる法体系です。この役割を担うのが、民法総則を含むいわゆる財産法と称される法分野です。

本書の第1章ないし第3章では、取引法というフィールドで、富の蓄積を競うゲームのプレイヤーとしての駒の説明と、その駒の動き方に対する基本的な説明をしたにすぎないのです。具体的なゲームのルールについては、まだほとんど説明していません。私法の学修が長い長い道程であることを納得して貰えますね。

2．民商法の基本的指導原理

わが国の民商法は、資本主義経済体制・市場経済体制を維持し、これを発展させ、国民が豊かで文化的な生活を享受できることを理想として立法されています。それゆえに、わが民商法は、次の2原則を根本の指導原理としています。

❖ 2−1．所有権絶対の原則

「所有権絶対の原則」とは、「全面的支配権としての所有権を私法からも公法からも自由な絶対的な権利として承認する原則である」と説明されます。私有財産制度を保障しなければ、各権利主体は富の蓄積を果たすことはできません。この原則は、憲法29条によって保障されていると解されます。

「所有権」は、目的物を全面的・一般的に支配する物権です。この物権の帰属主体が「所有者」です。所有者は、その所有物を自由に使用・収益・処分できます（民206）。所有者の自由意思に基づく処分の結果、同一目的物を他人が部分的、一時的に支配する制限物権が設定されることがあります。制限物権の典型は、「担保物権」と呼ばれる各種物権です。詳細な内容は、民法の「物権法・担保物権法」の領域で学ぶことになります。

❖ 2−2. 契約自由の原則

「契約自由の原則」とは、「資本主義社会では各人は自由な契約を通じて経済活動をすべきであって、国家はできる限りこれを妨害すべきではないとする原則である」、あるいは、「各権利主体が、社会生活において、独立かつ自由な人格者として、自己の意思に基づいて自由に契約を締結して、生活関係を規律することができるとする原則である」と説明されます。

この原則は、資本主義社会における自由競争の原理を法的に表現したものであるという点で重要な原則です。この原則は、以下のような思想の下に成り立っています。

資本主義社会の発展にともない、社会的分業は拡大し、取引主体相互の関係もまた、いっそう複雑化します。そうなると、複雑化する生活関係は、各人の創意工夫に委ねる方が社会の活性化に資するのではないか、という考え方が生まれます。すなわち、各人の創意と責任において生活上生起する物事を処理させれば、そのような経験（失敗の経験、成功の経験）の蓄積によって、各人の資質が向上することになるでしょうから、そうした人々の集団としての社会全体もまた発展向上することになるというわけです。そして、社会全体が活性化し、ひいては社会の利益になるだろうと考えられたのです。

このような考え方の下に生成した契約自由の原則は、少し考えれば分かると思いますが、その社会に活動する生活体（権利主体）を甘やかすものではありません。この原則の行き着くところは、「私経済的自己責任負担主義」であるといえるからです。つまり、わが民商法の指導原理は、「取引によって生起した結論については、原則として、自らが責任を負わなければならない──自業自得を以って旨とせよ」と言っているのです。「自業自得を以って旨とせよ」──法を説く者がこの言葉を現代の日本人に再度徹底して叩き込まなければ、この国の将来はありません。

3. 競争の「質」に着目しよう

煩悩を消し去ることができない私たち凡庸な生活主体は、より豊かな生活を求めてあくせくと生きています。自己の生活が豊かであるか否かを、周囲

の生活体と比較検討して相対的に推し量っています。その指標は、最終的には金銭に換算しうる財貨の蓄積量ということになります。所詮人類は「心の豊かさ」を数量化して物理的に比較検討するだけの文明を有していないからです。

さて、私たちは、「家計」という1個の経済単位を基にして、そこに蓄積される財貨の量を競う、という形で自由競争に参加しています。意識すると否とを問わず参加し、いわば「棄権を許されないゲーム」を強いられているのです。財貨の蓄積は、契約自由の原則の下、各種の取引を通じて遂行されます。その取引では、主体相互が巧みな「駆引き」を行っています。取引の典型、売買でこれを見れば、買主は誰もが「より質の高い物をより安く手に入れる」ために、売主は逆に「より高い値と交換する」ために、駆引きが行われています。これこそが「自己責任と創意工夫による自由な競争」の実態です。

たとえば、相手の弱点を徹底的に攻撃して勝利を得ることはスポーツの勝負などでは普通に行われています。しかし、「勝つためには手段を選ばない」という極端な戦法は、スポーツの勝負でも、アンフェアであると批難されます。取引における「駆引き」や「自己責任と創意工夫による自由な競争」にも同様に一定の限界はあります。すなわち、行き過ぎた競争は法によって規整されます。民法が用意した取引の法は、基本的には市場経済社会の発展向上にとって望ましい原理・原則に即したものですから、そのような「駆引き」や「自己責任と創意工夫による自由な競争」を広範に認めつつも、民法は、隣人との平和的共存にも気配りして、私人間の私的利益の調整をも図っています。

ところで、私たちの社会には「企業」と呼ばれる生活体が少なからず存在します。企業と呼ばれる生活体は、より多くの収益を上げることを目的として存在し、取引社会で鎬を削っています。企業相互間で行われる利潤獲得競争と、企業を除く市民相互で行われる富の蓄積競争とでは、その駆引きの熾烈さに天と地ほどの開きがあるであろうことは、常識的に理解できると思います。前者と後者の競争は、その質がまったく異なるものです。

いかに民商法の諸原則が自由競争の容認を基調としているとはいえ、隣人

との平和的共存を図らなければならない家計単位の取引と互いに他者を蹴落としてでも収益を上げようとする企業取引とでは、競争の質そのものが異なります。ここに、民法と商法との関係を探るヒントがあるのです。

4. 商法と民法は特別法と一般法の関係にある

「一般法・特別法」という対立概念があります。両者の関係を普遍的に説明すると以下のようになります。すなわち、「特定の人・事物・行為または地域に限られて適用される法を特別法といい、それらの制限なく一般に適用される法を一般法という」と。商法と民法とは、取引法分野においてまさにこの関係にあります。

取引法という分野において、民法は、「市民の生活関係を規律する一般法である」と位置づけられます。商法は、そのような広い意味での生活関係のうち、「企業関係を規律する特別法」という地位を与えられています。その意味するところは以下のとおりです。

商法は、確かに企業関係を規律し、企業という経済主体間の私的利益の調整を図るものです。しかし、企業間の私的利益の調整がもっぱら商法のみによって図られているわけではありません。企業間の利益調整についても、原則的には自由競争の容認を基調とする民法の諸原理に支配されているのです。ただ、企業関係には、民法の規律のみによっては不十分または不適当な特有の事情があるから、商法は民法の上に立って、そのような特有の事情に属する部分のみを規律しているのです。

上のような商法と民法との関係は、同じスポーツのプロ向けのルールとアマ向けのルールに似ていると捉えるのが分りやすいかも知れません。つまり、基本的には、プロもアマも同一のルールに則ってゲームを行いますが、プロの駆引き、プロのゲームの醍醐味への配慮から、アマのルールに変更を加えたり、新たなまた複雑なルールを追加してプロのルールとしているのです。プロ・アマ共通のルールが民法であり、プロのルールに当たるのが商法であるとイメージすればいいでしょう。

なお、「一般法・特別法」に関連して、以下のような基本原則があることを

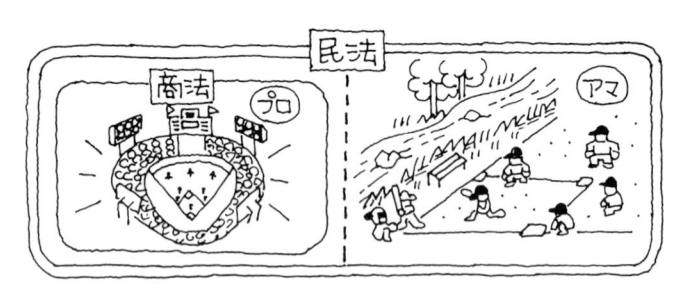

覚えておいて下さい。元来、特別法は、正義または衡平の観念から、一般法の中から特殊な事象を選別し、これらを特別に扱おうというのがその趣旨ですから、「特別法は一般法に優先する」というのが原則です。つまり、一般法は特別法に規定のないものについて補充的に適用されるのです。このように、特別法と一般法を区別する実益は、法の適用の順序を明確にさせる点にもあるわけです。

5. 商法の法源とその適用順位

❖ 5-1. 商法の法源

「法源」という文言は、ここでは「法を具体的に知ろうとする場合の手掛かりとなるもの」とイメージして下さい。法的紛争が生じたときに、法を適用して解決を図ろうとする者（端的には裁判所）が依拠すべき準則の源をいいます。さらに簡単にいえば、「法の存在形式」のことです。

私的紛争を当事者間で解決することができない段階に至って初めて「法の裁き」の出番がやって来ます（当事者が納得すれば、法を無視した解決は許されます——私的自治が原則だから）。法による解決を委ねられた裁判所は、当該紛争の解決にとって最もふさわしい準則を確定し、その準則を当該事案に適用するという作業を行います。裁判所においては、その前段階として、依拠すべき準則がわが国の私法体系の中でどういう形式で存在しているのか、複数の準則の間の相互の適用順位はどう整理されているか、そもそもそれらの準則の適用範囲はどのように区切られているか、といった技術的作業が、意識されているか否かは別として、必ず行われています。法源とは、法的紛争に

際して、裁判所が依拠すべき準則の存在形式全体を指すものです。

商法の法源とは、したがって、商法の存在形式を指すことになります。これには、①商事制定法、②商(事)慣習法、③商事自治法が含まれます。

①商事制定法…商法典本体は、当然ここに属します。さらに、商法典の規定を補完し、実質上これと同位にあるものとして、有限会社法、商法特例法、手形法、小切手法などがあげられます。商法典の規定を具体化し、補充または変更する特別法として、商法中署名スヘキ場合ニ関スル法律、商業登記法、会社の配当する利益または利息の支払に関する法律、担保附社債信託法、社債・株式等の振替に関する法律、拒絶証書令などがあげられます。

商事条約も、国内的に条約として公布されると法律と同一の効力を生じます。直接に私法上の商事関係を規律する条約は商法の法源です。

民法典および民事特別法も、商事関係に適用がある限りにおいて、商事制定法の法源を構成していると見ることが可能です。

②商慣習法……まず「慣習法」という単語の説明をしておきましょう。これは「成文法」に対する語です。慣習が市民の法意識に支えられて、法規範性を有するに至ったものを慣習法といいます。原則として、成文法に対して補充的な効力を有します。商事に関する慣習法を商慣習法といいます。

③商事自治法…商事関係につき、特定の団体がその構成員を拘束するものとして自主的に定めるものです。

会社の定款、手形交換所規則、普通取引約款などがこれにあたります。「普通取引約款」とは、集団的・大量的に行われる企業取引を迅速かつ画一的に処理するため、予め定型的に定められた契約条項のことです。普通、「約款」と呼ばれるものがこれです。たとえば、銀行の預金取引約款などが典型例です。

約款の性質および法源性に関しては、さまざまな説があります。約款に基

づいて契約を締結することが、当該分野の取引では共通の慣習となっているから、当事者はこれに拘束されるのだと説明されたり（慣習法説）、契約締結時に、特に約款に依らない旨を明示的に表明しなかった以上、当事者は約款に基づいて契約を締結するという意思があったものと判断されると説明されたりします（意思推定説）。

❖ 5-2. 法源適用の順序

　商法の法源の適用順位にかかわる条文は、商法1条です。同条は、商事に関して（何が商事に関するかはひとまず置き）、まず商法典を適用し、商法典に規定のない事項については商慣習法を民法に優先して適用することにしています。商事に関しては、商慣習法が成文法たる民法に優先して適用される旨が明定されている点が重要です。商慣習法は、柔軟で合理的な思考の持主である企業人によって、日進月歩の商取引を支えるべく形成されたものですから、固定的な民法よりも、商法典を補充するものとして重要度が高いとされたのでしょう。

　これ以外の法源の適用順位に関しては、「特別法は一般法に優先する」という原則および「わが国の法制は一般的には成文法優先主義を採用している」という原理に則り、以下のように整理できます。

　商事に関しては、① 商事自治法、② 商事特別法（商事条約を含む）、③ 商法典、④ 商慣習法、⑤ 民事特別法、⑥ 民法典、⑦ 民事慣習法という順序で、法源適用順位が定まります。

第5章 商人および商行為

1.「商」という字の由来

　商人・商業・通商・商行為など、私たちは「商」という字を、commerce を表す意として、日常あたり前に使用しています。

　「商」という字は、元来は、中国の古代王朝の名称でした。わが国の世界史の教科書では「殷」という名称が使われているのが普通です。商は殷の初めの国号であり、この国の人々は、自らの国を商と呼ぶのが一般的でした。

　殷王朝は、暴君として有名な紂王の時代に、周王朝によって滅ぼされました。周王朝は、殷の為政者たちを殺すことをせず、生き恥を晒させるというつもりだったのか、社会の底辺で生き延びさせるという政策を採りました。殷すなわち商の人々は、何とかして自分たちの生活を支えなければなりません。そこで彼らが従事したのが、消費者と生産者との間に立って、財貨の売買や交換をするという業務です（物流を含む）。周の人たちは、このような商の人たちの生活ぶりを見て、侮蔑的意味を込めて、「あれが商の奴等の生り業よ」と囃し立てたのです。これがそもそも「商業」という言葉の由来です。

　商という字には、上に述べたような悲しい歴史がありますが、ともかくも物流を含む財貨の売買や交換を意味するものとして、商の字が定着し、今日に至りました。

2. 基本的商行為

　「商人」という概念および「商行為」という概念を探ることは、商法の学修の初歩ですが、同時に、商法（プロのルール）と民法（プロ・アマ共通のルール）の適用範囲を画する上で必要な作業でもあります。「商行為」についての定義は商法第3編すなわち商行為編にあり、商人についての定義は、同じく

第1編すなわち総則編にあり、両定義を何度も往復して、その概念が明らかになるという構造になっています。

❖ 2−1. 絶対的商行為

「絶対的商行為」とは、「行為の主体を問わず、つまり誰が行おうが、たとえ1回限りの行為であっても、行為自体の性質から、商に関する行為であるとして、当然に商法によって規整される取引のことである」と定義できます。商法501条は、その1号ないし4号で4種の行為を列挙しました。制限的列挙と解されます。制限的列挙とは、列挙された事項に限るという意味です。なお、これに対し、例示的列挙という方法があり、これは、列挙された事項およびこれらに類する事項をいいます。ある条文で列挙された事項が、制限的列挙にあたるか例示的列挙にあたるかは、もっぱら条文の解釈の問題です。商法501条は、民商法の適用範囲を画する役割を担う条文ですから、その境界は明確にされなければならず、それゆえ制限的列挙です。

① 投機購買およびその実行行為（商501①）…取引の目的物は、動産・不動産・有価証券です。これらを安く買って高く売り、差額を利得しようとする行為です。もっとも原初的な商行為です。利益を得て他に譲渡する意思（営利意思または投機意思という）を有しつつ、目的物を有償取得（対価を出捐して取得すること）する行為を「投機購買」といい、有償取得した目的物を所期の目的に従って処分する行為を「実行行為（実行売却）」といいます。

② 投機売却およびその実行行為（商501②）…取引の目的物は動産・有価証券です。目的物をあらかじめ他に高く売る約束をしておき、後でその目的物を他から安く買い入れて、その差額を利得しようとする行為です。①と取引の順序を逆にした行為です。他から取得すべきこれらの目的物の供給契約をなすことを「投機売却」といいます。その履行のため、目的物を有償取得する行為を「実行行為（実行購買）」といいます。

③ 取引所においてする取引（商501③）…わが国には、株式その他の有価証券の取引を目的とする証券取引所と、綿花・生糸・ゴム等の取引を目的とする商品取引所とがあります。これらの目的物は、取引所において、

きわめて技術的定型的な方法で大量かつ集団的に売買されます。極端に営利的な取引であると同時に、今日の資本主義経済体制を支えるうえで不可欠な取引です。
④ 手形その他商業証券に関する行為（商501④）…約束手形・為替手形・小切手に関する行為と、手形に準ずる金銭の支払債務を表章する有価証券に関する行為です。手形は、誰もが利用できますが、今日では企業間信用を金融機関による信用に転換させる作用を有する点で重要な役割を果たしています（第8章参照）。

❖ 2-2. 営業的商行為

「営業的商行為」とは、「営利の目的をもって企業取引として（不特定多数の者を相手に大量に反復的継続的に）なされた場合に初めて商行為として商法の規整を受ける取引のことである」と定義できます。企業取引としてなされることにより、その行為の有している潜在的営利性が顕在化するものです。

商法502条は12種の行為を揚げました。制限的列挙です。
① 投機貸借およびその実行行為（商502①）…取引の目的物は動産・有価証券です。これらを他に賃貸して利益を得ようとして、これらを有償取得または賃借する行為を「投機貸借」といい、取得または賃借した目的物を他に賃貸する行為が「実行行為（実行賃貸）」です。レンタルCD業やレンタルDVD業がその例です。
② 他人のためにする製造または加工に関する行為（商502②）…他人から材料の給付を受け、または他人の計算で（その経済的効果を他人に帰せしめることをこう表現します）材料を買い入れて、その原材料を用いて製造・加工を引き受ける行為を指します。製造・加工行為それ自体ではなく、それをなすことを引き受ける契約を指します。クリーニング業などがその例です。
③ 電気またはガスの供給に関する行為（商502③）…有償で電気またはガスの供給を引き受ける供給契約を意味します。

④ 運送に関する行為（商502④）…有償で物または人の場所的・空間的移動を引き受ける行為を意味します。運送業がこれにあたります。

⑤ 作業または労務の請負（商502⑤）…作業の請負とは、不動産または船舶に関する工事を完成させることを引き受ける契約のことです。土建業・建設業・造船業などがその例です。労務の請負は、労働者の供給を引き受ける契約のことです。労働者派遣事業法に基づく人材派遣業がこれにあたります。

⑥ 出版・印刷または撮影に関する行為（商502⑥）…出版に関する行為とは、文書・図画・音声などを書籍・CD・DVDといった形式で複製し販売する行為のことです。出版事業・新聞事業などがその例です。印刷に関する行為とは、機械力または化学力をもって文書・図画などを複製することを有償で引き受ける行為です。印刷業がこれです。撮影に関する行為は、写真業がこれにあたります。

⑦ 客の来集を目的とする場屋（じょうおく）の取引（商502⑦）…公衆の来集に適する設備を設け、公衆の需要に応じることを目的とする契約です。契約の性質は多岐にわたります。旅館・ホテル等の宿泊契約、映画館・遊園地等の入場契約、ボウリング場・ゲームセンター等の遊戯契約などがこれにあたります。

⑧ 両替その他の銀行取引（商502⑧）…銀行取引とは、両替を含めて金銭または有価証券の転換を媒介する行為を言います。すなわち、不特定多数の者から預金という形で余剰資金を受け入れ（受信行為）、これを融資という形で需要者に供給する（与信行為）という2つの行為を行わなければならないと解されます。銀行業がこれです。

⑨ 保険（商502⑨）…いわゆる営利保険における保険の引受契約を指します。保険者が対価を得て保険契約者に対し保険を引き受ける行為のことです。たとえば家屋の所有者が万一に備えて家屋に火災保険をかけようという場合、保険会社が保険者にあたり、家屋の所有者が保険契約者にあたります。

⑩ 寄託の引受（商502⑩）…他人のために物の保管を引き受ける契約を指し

ます。特定の目的物（たとえばピカソの絵画）を保管し、その物を返還することを引き受ける契約を単純寄託契約といいます。保管目的物（たとえば中等品質の大豆）を同種同等の物と混合して保管し、その中から同量の物を返還することを引き受ける契約を混蔵寄託契約といいます。受寄者（預かる側）が寄託物を消費することができ、これと同種同等の物を返還することを引き受ける契約を消費寄託契約といいます。金銭または有価証券を目的物とする消費寄託契約は、預金契約として銀行取引に含まれますが、それ以外の寄託契約は、上のどの類型に属するものであれ、ここに含まれます。倉庫業・手荷物預り業がその例です。

⑪ 仲立または取次に関する行為（商 502 ⑪）…仲立とは、他人間の商行為の媒介を引き受ける行為のことです。たとえば、損害保険会社と船会社の間に立って、両者の間の海上保険契約の成立に向けて媒介をなす損害保険代理店は仲立業の一例です。取次とは、自己の名をもって（自分が行為の主体となって）他人の計算において法律行為をなすことを引き受ける行為のことです。もっとも卑近な例は、私たちが宅配便の荷物をコンビニエンス・ストアに持ち込んだ場合です。この場合、コンビニは、直接に法律行為の当事者として、運送会社との間で、私たちが持ち込んだ荷物の運送契約を締結します。しかし、運送に必要な費用は、私たちがコンビニに支払った料金から支弁されています。このときコンビニは、運送取扱人（商 559）と称される取次行為者にあたります。

⑫ 商行為の代理の引受（商 502 ⑫）…委託者である本人のために商行為となる行為の代理を引き受ける行為を指します。卑近な例は以下のようなものです。大学生が通学用の原付バイクを購入したとします。バイクを運転する際には、対人賠償の保険に加入しなければなりません。この学生は、バイク購入時に、そのバイク販売店において、保険の加入手続をとるのが普通です。これは、バイク店が損害保険会社のために損害保険契約の締結の代理行為をなす損保代理店となっているからです。つまり、バイク店と保険会社との間の契約によって、バイク店は保険会社のため

に保険契約を締結する代理行為を引き受けているわけです。

3. 固有の商人

　上で説明した絶対的商行為と営業的商行為とを合わせて「基本的商行為」といいます。この基本的商行為概念に基づいて、商法4条1項は、「固有の商人」を定義しています。同条同項によれば、商人とは「自己の名をもって商行為をなすを業とする者」であると定義されています。すなわち、「自己が法律上の権利義務の主体となって、営利の目的をもって、その目的を達成すべく、計画的に反復継続して基本的商行為を遂行する者」が商人であると定義されているわけです。

4. 擬制商人および準商行為（会社を除く）

　たとえば、タケノコを他から安く仕入れてきて、これを自己の店舗で顧客に販売する者は、商法4条1項の定義に合致する固有の商人です。しかし、竹林の所有者が、自己の竹林で収穫したタケノコを店舗を構えて顧客に販売して利益を得ても、この者は同条同項の定義に該当しません。前者が商人として商法の規整を受けるのに、後者が商法の規整を受けないとすることは必ずしも合理的ではありません。この場合は、店舗という企業的設備に着目すべきです。また同様に、企業的設備という観点から視野を拡げると、鉱業を営むには、このような設備が不可欠であって、このような設備があってはじめて鉱業を営むことができるといえるでしょう。

　それゆえに商法4条2項は、「店舗設備による物品販売業者」および「鉱業を営む者」を商人とみなすことにしました。これらを「擬制商人」といいます。

　なお、「みなす」という用語は（条文では、しばしば「看做す」と表現されます）、法律によるまさに「擬制」であって、「真実はそうではないかもしれない法律関係につき、強いて擬制して、そうであるとの法律効果を与える」という意味で用いられます。いったん、そのようにみなされてしまうと、反証

を挙げて当該法律関係を覆すことができなくなる点で「推定する」と、用法・意味ともに異なります。

商法4条2項による擬制商人の販売または鉱業を営む行為については、「準商行為」として、商行為に関する規定が準用されると解されます（商523類推）。

5. 各権利主体の商人資格（会社を除く）

商人となることのできる資格を「商人適格」または「商人能力」といいます。社会で活動する生活体の商人適格を概観しておきましょう。

①自然人…原則として制限のない権利能力を有しているので、誰もが商人適格を有します。制限能力者が単独で営業（法律行為が中心になる）を行いうるか否かは、別問題であることは分りますね。

②公法人…国・地方公共団体をはじめとする公法人は、一般的な行政目的の一環として営利事業を行うことがあります。収支適合性の原則の下で、私法上の法律行為の形式をもって、基本的商行為・準商行為該当の事業をなす限り、これが公共的目的を合わせ持っているとしても、商人適格が認められます。市営バス・市営地下鉄事業などがその例です。商法2条は、公法人の商行為につき、法令に別段の定めがない限り商法の適用があることを明定しています。

③公益法人…公益法人が本来の所定の目的行為をなす限りにおいては、商人性は問題となりえません。しかし、公益法人が本来の目的を達成するための資金を調達する手段として、営利行為を行うことまでは禁じられないでしょう。公法人が、収支適合性の原則の下で、基本的商行為・準商行為該当事業をなす限り、商人適格を認めるべきでしょう。宗教法人が境内に土産物売場を併設している場合などがその例です。

④中間法人…中間法人は、構成員である小規模事業者や消費者等の相互扶助や共通の利益の増進を目的とする法人です。しかし、その事業が、収支適合性の原則の下、他の商人と競争関係を維持しつつ、基本

的商行為・準商行為該当行為と同一のものであるときは（たとえば信用金庫の事業）、その事業の遂行には商人適格を認めるに足る営利目的があると解されます。

6. 商人としての会社およびその事業目的

❖ 6−1. 総　　説

　会社は、営利社団法人という法的性格を持つ権利主体です。文字どおり、営利の追求を至上の目的として存在する権利主体です。

　くり返し述べるように、会社は、その事業を定款に所定の目的として掲げて、これを遂行しています。会社の掲げる定款所定の目的が、基本的商行為該当行為であれば、その会社は固有の商人の定義に該当します。固有の商人の定義に該当する会社を商事会社といいます（商52Ⅰ）。

　商法52条2項は「営利を目的とする社団にして本編の規定により設立したるものは商行為を為すを業とせざるも之を会社と看做す」と規定しています。本編とは商法第2編（会社編）のことです。同条同項にいう商行為は基本的商行為を指します。したがって、会社の掲げる定款所定の目的が、基本的商行為ではなく、商法4条2項前段所定の行為を含むその他どのような行為類型であっても、会社は商人とみなされます。すなわち、このような会社は擬制商人ということになるわけです。そして、擬制商人に該当する会社の事業行為は、商法523条により、準商行為として商法の規整を受けるのです。このような会社を民事会社といいます。

　以上によれば、会社は、営利を目的とする限り、営業行為の内容を制限されません。どのような事業をなそうが、商人資格を認められるのです。

　さらに注意すべきは、会社は、そもそも商人としてこの世に誕生することになりますから、商人資格を離れて存在することはありません。いついかなる時も商人であり、商人以外の顔を持たないという独特の権利主体であるということになります。会社は、まさに「商法の申し子」なのです。

❖ 6-2. 会社形態選択のメリット

　社会的分業が進んだわが国においては、商人は、相互に網の目のような継続的取引関係を構築しています。そのような網の目の一部でも綻び（ほころ）が生じれば、その影響ははかりしれません。したがって、各商人は、他者のためにも自らの営業を維持し続ける必要があります。

　そのためには、自然人より法人形態を選択するほうがベターです。営業主の死亡といった個人的事情が営業の継続に影響しないようにするには、法人形態の方が望ましいことは容易に理解できるでしょう。

　次に目指すべきは、「強い商人」あるいは「体力のある商人」です。商人の体力は、資本や労力の集約効率という形で観念できるでしょう。その集約効率が高ければ高いほど、体力のある商人といえます。かかる体力を作り上げ、維持するには、会社とりわけ株式会社という形態を採るのがベストです。後に詳しく述べます（9章以下）。

　次に目指すべきは、「商人相互のチーム・プレー」です。つまり、商人同士が互いの長所を伸ばしあい、互いの短所を補って、より強い商人集団を目指すということです。この現象がいわゆる「企業の再編」ということです。企業の再編を合理的に円滑に進めるには、会社とりわけ株式会社という形態を採るのがベストです。後に詳しく述べます（14章）。

7. 附属的商行為

　附属的商行為の概念は、固有の商人および擬制商人という2つの商人概念を基礎に導かれます。

　商法503条は、商人（固有の商人・擬制商人）がその営業のためにする行為を商行為とし、しかも商人の行為はその営業のためにするものと推定しました。同条所定の行為を「附属的商行為」といいます。「推定する」とは「あいまいな事象を一応こうであると定め法律効果を生じさせる」という意味の法律用語です。推定された事実状態を争いたければ、真実はそうでないと主張する側が、そのことを証明しなければなりません。この点、争う余地を許されない「看做す」と異なります。

話を戻して、たとえば固有の商人である本屋を考えてみましょう。本屋は、安く仕入れた本を顧客に仕入れ値より高く売り、利ざやを稼ぐという営業行為を行っています。この本屋が、アイドル歌手の写真集発売を記念して、この歌手のサイン会を店舗内で行うと企画しました。歌手が所属するプロダクションとの間で出演交渉をし、契約を結びます。この出演契約の締結それ自体は、基本的商行為ではないことは当然のこと、営利性すらありません。しかし、歌手の来店は、本屋への集客効果が期待でき、写真集を含むその他の書籍の売り上げも向上する効果が期待できますから、本来の営業成績の向上につながります。このような出演契約の締結は、本来の営業のためにする附属的商行為となるわけです。

8. 一方的商行為・双方的商行為

たとえ商人ではなくても、私たちが絶対的商行為該当行為をすれば、当該行為の効果に関しては、商法の適用を受けます。

これ以外にも非商人である私たちに商法が適用される場合があります。商法3条によれば、当事者の一方のために商行為にあたる行為については、商法がその双方に適用されるとともに当事者の一方が数人ある場合にその1人にとって商行為であればその全員に商法が適用されることになっています。たとえば銀行は商人ですから、私たちと銀行との間の預金契約や融資契約は商法の適用を受けることになります。商行為の当事者からみて、行為の一方当事者にとってのみ商行為となる行為を「一方的商行為」といいます。双方の当事者にとって商行為である行為を「双方的商行為」といいます。

第6章 商事契約に関する基本制度

1.「債権」という言葉

まず「債権」あるいは「債務」という言葉の意味を整理します。

「債権」とは「ある権利能力主体が別の権利能力主体に対して、一定の行為をなすことを請求することができる権利」のことであると一応の定義ができます。請求する側の主体を「債権者」といい、請求される側の主体を「債務者」といいます。上の定義中、「一定の行為をなすこと」の部分を「債権の目的」といいます。「一定の行為をなすこと」と記していますが、「作為・不作為の双方を含む」意です。この、「債権の目的」が「物の交付をなすこと」であるとき、その物を「債権の目的物」といいます。似たような単語が連続しますが、債権の目的と債権の目的物とを混同しないで下さい。さて、「債権の目的物」が「金銭」であるとき、そのような債権をとくに「金銭債権」といいます。すなわち、金銭債権とは、債権者が債務者に対して一定額の支払を請求することができる権利であるということになります。

金銭債権以外のあらゆる債権も、債務者側に責任があって債権者を満足させることができなかったときは（難しい要件はここでは割愛していますが、これを「債務不履行」といいます）、最終的には、債務者が債権者に金銭賠償を行うという形で処理がなされますから、いずれにせよ債権は、金銭を尺度に、原則としてこれに換算可能な権利であるということになります。

債権・債務の発生原因は区々ですが、とくに法律行為たる契約の法律効果として発生するというのが典型的です。

2. 商事契約の成立
——締結の迅速性と内容の明確性を確保する

❖ 2-1. 総　説

契約は、当事者の「申込の意思表示」と「承諾の意思表示」とが合致することによって成立します。この基本的法構造は、あらゆる契約に共通のものです。民法に基づく契約であれ、商事契約であれ同様です。

商人の取引は、「契約」を軸になされています。その取引は、不特定多数者との間で反復継続して行われます。その取引が円滑に回転するためには、「契約の簡易迅速な締結とその内容の明確化を確保する」という視点が重要になります。

❖ 2-2. 対話者間取引と隔地者間取引

意思表示の発信者と受信者との時間的距離を無視してよい取引を「対話者間取引」といいます。互いの意思表示は発信と同時に相手方に受領されます。対面での取引や電話による取引が典型です。

一方、意思表示の発信者と受信者との間に無視することのできない時間的距離がある取引を「隔地者間取引」といいます。たとえば、互いに文書による意思表示を郵便によって取り交わすなどがその典型です。

契約の成立に関しては、隔地者間取引において、より問題が顕在化します。

❖ 2-3. 申込の効力の発生時期

申込の効力発生時期に関しては、意思表示に関する一般規定である民法97条1項により、特定人に対するときは、申込は相手方に到達したときに効力を生じます（到達主義）。広告の掲載など不特定人に対するときは、不特定人が申込を知りうる状態になったときから効力を生じます。

申込の意思表示の発信後、到達前に申込者が死亡したり、制限能力者になった場合には、民法525条が同97条2項の特則となります。すなわち、申込の意思表示は原則としてそのような事実の影響を受けませんが、申込者がその原則に反対の別段の意思表示をし、または相手方がそのような事実を知ったときには、たとえ申込が到着しても、申込者死亡の場合は効力を生じませんし、申込者の行為能力が制限されたときには、制限能力者の行為として、その態様によって取消が可能になることがあります。

❖ 2-4. 申込の拘束力

AがBに対し、「あるメーカの特定形状の中古のグランド・ピアノがあれば30万円で買いたい」と表明したとします。このとき、Aは、たとえば「10日以内に返答せよ」と承諾期間を定めることもあれば、特にこれを定めないこともあるでしょう。

Bは、Aが30万円相当のピアノを欲しがっているという意を汲んで、承諾の返答（意思表示）をする前に、その準備（契約締結に向けた準備、Aの希望に適うピアノの調達等に奔走する）を開始するかもしれません。そうするのが普通でしょう。したがって、Aにおいて、任意にこの申込の撤回が許されるという法政策を採ることは不都合であるといえるでしょう。

民法は、申込が相手方に到達した後は、申込者において任意にこれを撤回することができないという政策を採用しました。申込について生じるこのような法定効果を「申込の拘束力」といいます。申込の拘束力は、申込の態様によって、次のようになります。

① 承諾期間を定めてなした申込は、隔地者に対するものであろうと、対話者に対するものであろうと、その期間中は拘束力があり自由に撤回できません（民521 I）。この期間経過後は、申込は効力を失います。なお、民法521条1項は「取消すことを得ず」と規定していますが、この場合は、法律上正確な意味での「取消」ではありません。この文脈で、「撤回」という単語を使っているように、同条同項の「取消」は「撤回」の意味に解さなければなりません。「撤回」とは「意思表示をした者がその効果を将来に向かって消滅させること」です。民法の条文は、このような撤回

も「取消」と表現しています。本来の取消と区別できるようになるには、慣れるしかありません。
② 承諾期間を定めないで隔地者に対してなした申込は、承諾の通知を受けるに相当な期間は拘束力があり、自由に撤回できません（民524）。この期間を経過すれば撤回が可能となり、撤回されれば申込は効力を失います。
③ 承諾期間を定めないで対話者に対してなした申込の拘束力については、民法に規定がありません。申込の拘束力は、民法がとくに定めた法定効果ですから、規定がなければ、拘束力はないと解されます。

❖ 2−5. 承諾適格

承諾があれば、それと合わせて契約を成立させることができるという申込の効力を、「承諾適格」といいます。すなわち、承諾は申込に承諾適格がある期間内になされなければ、契約を成立させることができません。

上のことを理解するために、極端な例を考えてみましょう。福岡在住のＡが、承諾期間を定めないで、札幌在住のＢに対し、郵便によってピアノの売却の申込をしました。申込の拘束力がある相当の期間を経過しましたが、Ａは明示的に申込の撤回もせず、そのまま放置して時間が流れました。Ａ自身、Ｂにそのような申込をしたことすら忘れてしまった時期に至り、突然Ｂから承諾の意思表示がありました。このようなとき、ＡＢ間に売買契約が成立するか、という問題です。

申込の承諾適格は以下のように整理できます。
① 承諾期間の定めのある申込の承諾適格は、対話者に対するものたると隔地者に対するものたるとを問わず、その期間内は存続します。したがって、この期間内は承諾することができますが、承諾の意思表示は期間内に申込者に到達しなければなりません（民521 Ⅱ）。
② 承諾期間の定めのない申込の承諾適格につき、民法には特段の定めがありません。したがって、民法が規整する契約の成立については、その承諾適格の存続期間は、信義則などの一般原則に従って解決されることになるでしょう。詳細は民法で学んで下さい。

商人の取引は、商機を逸することなく迅速になされなければなりません。商事契約が締結されるか否かという結論は、迅速かつ明瞭に示される必要があります。それゆえ商法は、民法の規定のない②の場合の申込の承諾適格に関して、次のように明確な規定を用意しています。

③ 対話者間において、承諾期間の定めなしに契約の申込を受けた者が、直ちに承諾の通知をしないときは、その申込は効力を失います（商507）。商行為に関する申込であれば、当事者が商人であると否とにかかわらず、同条が適用されます。

④ 隔地者間において、承諾期間の定めなしに契約の申込を受けた者が、相当の期間内に承諾の通知を発しないときは、その申込は効力を失います（商508Ⅰ）。商行為に関する申込であれば、当事者が商人であると否とにかかわらず同条同項が適用されます。

❖ 2-6. 承諾の効力

わが民法では、相手方のある意思表示は、原則としてその通知が相手方に到達したときから効力を生じると規定されています（民97Ⅰ）。しかし、民法526条1項は、到達主義に対する例外を定め、承諾は発信によって契約を成立させる効力を生じるものとしました。このような規定が設けられたのは、契約の成立を欲する取引当事者間においては、申込者にとっても承諾者においても、承諾の発信があればその到達を待たずに直ちに契約を成立させることが取引界の需要に合致すると考えられたからであると説明されています。

❖ 2-7. 申込受領者の諾否通知義務と受領物品保管義務

ある日突然、Aの元にBから文学全集の第1巻が送付されました。書面が同封されており、「第1巻を1週間お楽しみください。不要と判断された場合には当方にご返送ください。1週間経過後何のご連絡もない場合は、この文学全集全25巻の購入に同意されたものとみなし、後日請求書をお送りいたします」と記載されていました。Aが1週間これを放置したとき、AB間に売買契約は成立するでしょうか。

民法によれば、原則として、申込は、その効力が発生すると承諾適格を生

じるにすぎません。申込が、その受領者に何らかの義務を負わせることはありません。したがって、上の例でAがBに回答をしなかったからといって、AB間に契約が成立することはありません。Bが勝手に送付してきた物品をAが放置したとしても、特段の事情がない限り承諾したことにはなりません。Aには、このような物品を受領し、保存し、返還する義務もないのです。

しかし、商取引においては、上のような民法の原則は修正されます。

商法509条は、商人が平常取引をなす者からその営業の部類に属する契約の申込を受けたときは、遅滞なく諾否の通知を発することを要し、これを怠れば申込を承諾したものとみなされ、実際の承諾の有無に関係なく、契約は当然に成立するものとしました。これを「商人の諾否通知義務」といいます。商人間の取引では、取引先に対してとくに誠実でなければなりません。商人が、平常取引関係にある者から自己の営業の部類に属する契約の申込を受けたときは、諾否を決するのは容易であるはずです。その判断は相手に誠実に開陳すべきでしょう。平常取引関係にある者は、契約が締結されるものと期待して申込をしているのですから、そのような事情も斟酌しなければなりません。このような信頼関係の保護を図るべく、商法は民法に対する特則を設けたのです。なお、商法509条は隔地者間取引に適用され、対話者間取引はもっぱら商法507条によって処理されます。商法509条に基づく諾否通知の着否の危険は申込者が負担します。

次に、商法510条によれば、商人がその営業の部類に属する契約の申込を受けた場合に、申込とともに受領した物品があるときは、その申込を拒絶したときでも、申込者の費用でその物品を保管する義務を負い、その物品の価格がその費用を償うに足らないときまたは商人が保管によって損害を受けるときに限り、この義務を免れるものとされています。これを「商人の(受領)物品保管義務」といいます。同条は、申込者が契約の成立を予期してあらかじめ目的物を送付してきたような場合を想定した規定です。いわゆる見本取引の活性化を図るものです。

3. 商事契約の履行の確保

❖ 3-1. 総　説

「担保」という言葉は、日常でも使用されることがあり、なんとなくそのイメージは理解できるだろうと思われます。イメージ的には、「債権の安全・確実を保証するために債務者側から債権者側に提供される手段または物」ということでいいでしょう。商取引においては、不良債権の発生を可能な限り抑制する必要があります。それゆえ、債務者による債務の履行を確保することが肝要になります。

担保には、人的担保・物的担保があるといわれます。人的担保は、債務者の履行を確実にするため、債務者以外の人的な手当てを行うというイメージで、物的担保は、同じく物による（物の交換価値に着目して）手当てを行うというイメージで出発してみましょう。

❖ 3-2. 商事債権の人的担保の強化

3-2-1. 複数債務者がいる場合

同一債務につき債務者が複数の場合は、民法では、別段の意思表示がない限り、各自が平等の割合で分割した債務を負うのが原則です（民 427）。たとえば、3,000 万円の債務を 3 人で負担するときは、各自が 1,000 万円を負担することになります。これに対して商法は、数人がその 1 人または全員のために商行為たる行為によって債務を負担したときは、別段の意思表示がない限り、その債務は連帯債務になるものとしました（商 511 Ⅰ）。これにより、同じく 3,000 万円の債務を 3 人で負担するとき、債権者は、3 人の債務者に対し同時にまたは順次に 3,000 万円全額の返済を請求することが可能になります（民 432）。商行為によって生じた債務の信用を強化し、取引の安全を図るための特則です。

3-2-2. 保証人の連帯

「保証」というのは、およそ以下のようなイメージです。AがBに1,000万円を貸し付けているとき、CがAとの間で、この債務を被保証債務として、保証契約を締結します（Bが契約当事者でない点に注意）。かりにB（主たる債務者）がAに期限に1,000万円を返済できなければ、Cは保証人として、Aに1,000万円を支払わなければならない、というイメージで出発して下さい。

民法の原則によれば、特約のない限り、保証は「単純保証」であって、保証人は、催告の抗弁権（民452）および検索の抗弁権（民453）を有しています。これについて少し説明しますと、保証人になった場合、債権者が「主たる債務者（被保証人）が期日に支払わなかったから保証人であるお前が支払え」と請求してきても、単純保証であれば、直ちに請求に応じなくてもかまわないのです。まず、債権者に対し、「私にいきなり請求するのではなく、まず主債務者にしっかり請求してから出直して来て下さいよ」といって、いったんお引取り願えるのです。これが催告の抗弁権です。いったんお引取り願った債権者が再び「主債務者にはきっちり請求したけれど支払わないから、保証人であるお前が支払え」といってきた場合でも、単純保証であれば、「主債務者の手元には、強制執行が容易なこういう財産があるじゃないですか。まずそこから手をつけて下さい。それでも不足なら私が支払おうじゃありませんか」との抗弁を出すこともできます。これが「検索の抗弁権」です。要するに、単純保証の場合には、債権者が保証人から回収できる段階に至るには、上に述べたような障壁を越える必要があるのです。単純保証にあっては、1人の被保証人のために数人が保証人になったとき（共同保証といいます）、たとえば3,000万円の債務につき3人が保証人になったときは、原則として各保証人は主たる債務の額を等分してその一部だけを保証することになりますから、各保証人は1,000万円ずつの保証債務を負担することになります（民456）。これを「分別の利益」といいます。

商法511条2項は、保証人がある場合において、債務が主たる債務者の商行為によって生じたとき、または保証が商行為であるときは、主たる債務者および保証人が各別の行為をもって債務を負担したときでも、その保証は連帯保証となる旨を規定しています。連帯保証にあっては、保証人は催告の抗

弁権および検索の抗弁権を有しません（民454）。また共同保証の場合の分別の利益も有しません（民465参照）。したがって、債権者は、主たる債務の弁済を受けられないときは、それだけで直ちに全額の弁済を保証人に請求できます。このように、商法は、商取引上の保証債務を連帯保証とすることで、人的担保を強化して、債権の回収を容易にしたわけです。

❖ 3-3. 物的担保の強化

3-3-1. 担保物権とは

「担保物権」という言葉を説明しておきます。これは「目的物を債権の担保に供することを目的とする物権である」といえます。物の有する交換価値を支配し、これによって債権の弁済を確保することを目的とする物権です。担保物権が設定されることにより、当該目的物を全面的に支配する所有権は一定の範囲で制限を受けます。

要するに、担保物権という権利は、特定の財産を選り分けて、特定の債権者にその財産が有する交換価値を支配する優越的地位を認め、その財産から、当該債権者の債権を優先的に回収することができる途を開く制度であるといえます。特定の財産を選り分ける方法として、当該債権者に、その財産に対する担保物権という権利を取得させることにしたのです。

具体的に、どのような債権者が、どのようにして、どのような財産の上に担保物権を取得することができるのでしょう。ごく簡単に説明しておきます。

まず、法律の規定によって当然に成立する担保物権があります。たとえば、給料債権の債権者は、特段の行為をすることなく当然に雇主の総財産の上に担保物権（具体的には「一般の先取特権」と称される権利）を取得します（民306②）。給料債権を有する従業員を他の債権者に優先させて保護しようという政策的配慮です。このように、法律の規定によって当然に成立する担保物権を「法定担保物権」といいます。法定担保物権として「先取特権」および「留置権」があります。詳細は民法で学びます。

次いで、契約に基づいて設定される担保物権があります。これを「約定担保物権」といいます。たとえば、「自宅を抵当に入れて金を借りる」という表現を聞いたことがあるでしょう。これは、融資して貸金債権を有する債権者

(銀行等をイメージして下さい)は、これを確実に回収すべく、債務者または債務者以外の第三者(物上保証人と呼ばれる)が所有する不動産(土地または家屋)の上に、その優先弁済(他の一般債権者よりも優先的に担保目的物を換価して支払に充当してもらうというイメージで捉えて下さい)を確保する目的で、抵当権を設定する契約(抵当権設定契約という)を不動産所有権者との間で締結する、ということなのです。約定担保物権としては「質権」および「抵当権」があります。詳細は民法で学びます。

3-3-2. 流質契約の許容

　まず質権設定契約について、ごく簡単な例で説明します。今、AがBに1,000万円を融資したとします。Aは、Bに対する1,000万円の貸金債権の回収を確実にしようと、たとえばBが所有する宝石の上に質権を設定することにしました。AはBとの間で質権設定契約を結びます。この契約が有効に成立するためには、AB間のその旨の合意とともに、BがAに質権の目的物を交付し、Aがこれを受け取る必要があります（民342参照）。このような、当事者の合意と目的物の交付との双方が契約の成立に必要な類型を「要物契約」といいます（対立概念は「諾成契約」──当事者の合意のみで成立する契約）。このようにして成立した質権をAB以外の第三者に対抗するためには、Aは、目的物を継続して自己の支配下に置き続ける必要があります（「継続して占有する」という）（民352）。この状況で、もし期日までにBがAに1,000万円の返済ができなかった場合には、Aは「質権の実行」ができます。すなわち、目的物たる宝石を、法律（民事執行法）の定めた方式に従って換価し、1,000万円に満つるまで貸金債権に充当し、余剰金があればこれをBに返還するというのが、およその流れです。

　ところが、AとBとの間で、上のような質権設定契約と同時に、またはその後1,000万円の債務の期限が到来するまでに、質権設定契約とは別個に、Bが1,000万円を返済できなかった場合に、Aが、宝石の所有権を取得するかまたはこれを任意に売却する方法で処分できるという契約を結ぶことがあります。このような契約を「流質契約」といいます。流質契約は許されると思いますか。

このような契約は、しばしばBの窮境に乗じてAの暴利の手段となるおそれがあります。たとえば、1,000万円の借入に際し、質権の目的物としてBが1,500万円相当の宝石を差し出したとき、流質契約によって、Aは実質的に500万円相当の利得が可能となるわけです。このような弊害が生じるおそれがあることにかんがみ、民法は流質契約を禁じました（民349）。契約自由の原則の法律による修正の一例です。

　しかし、商法では、商行為によって生じた債権を担保するために設定した質権については、民法の禁止規定の適用がないものとして、流質契約を許容しています（商515）。商取引においては、当事者の経済的地位の差を考慮する必要がないこと（商人は、経済的利害について合理的に行動するのだから、法が契約自由の原則に過度に干渉して、過保護な後見をすべきではない）、このような契約は、むしろ商人が金融を得る手段としてきわめて便利な方法であること等が、商法が流質契約を許容する理由です。

3−3−3．留置権の強化──特に商人間留置権について

　まず、留置権について簡単に説明します。民法上の留置権は、「他人の物を占有している（実効的に支配下に置いている）者が、その物に関して生じた債権を有する場合に、その物を留置することによって、債務者の弁済を間接的に強制することができる担保物権である」と定義できます（民295 I）。

　たとえば、家電店AがBからテレビの修理の依頼を受けこれを引き受けたとします。Aは、修理のためにBからテレビの引渡を受けました。AB間には、テレビの修理という仕事の完成を目的とする契約が存在します。Aは、債務者としてこの義務を果たすべく、テレビの修理を行いますが、その結果Bに対して、修理費の支払請求権を取得するでしょう（この債権の債権者は当然Aです）。このとき、Aは、Bから修理費の支払を受けるまでは、テレビを留置してその引渡を拒むことができます。これが留置権の一例です。民法上の留置権が成立するためには、留置権者（上の例ではA）が留置権の目的物に関して生じた債権を有することが必要です。難しくいえば、債権と物との間に「牽連関係」(けんれん)がなければなりません。上の例ですと、修理費支払請求権という債権がテレビという物自体から発生していますから、牽連関係があるこ

とになります。この債権が弁済期にあれば(約束した支払期限が到来していれば)、Aは占有しているテレビを留置できます。なお、この留置権は、Bにテレビの所有権がなくても成立します。

　以上をふまえて、商法521条の商人間(かん)の留置権を説明します。民法の留置権とどう異なるか、具体例によって比較してみましょう。

　A銀行が、B社からB社保有の債券の保護預りを依頼され、これに応じたとします。AがBから債券を受け取ると、AB間には寄託契約(民657)が成立します。この例では、AもBもともに商人です。銀行が顧客からその所有する物または有価証券の寄託を受けることは、銀行の固有業務のひとつですから、この契約の締結は銀行にとって商行為にあたります(具体的には商法502条8号の営業的商行為)。つまり、A銀行はB社との商行為により、B所有の債券を自己の占有下に置いたのです。この状況の下で、BがAから融資を受けた借入金の債務が弁済期にあるにもかかわらず、Bの返済が滞(とどこお)ったとしましょう。AがBに融資を実行した行為も、銀行の固有業務にあたりますから、当然にAにとっては営業的商行為です。一方、Bにとっては、会社の営業に必要な資金の調達をAからの借入によってなすことは、附属的商行為に該当する行為です。したがって、AB間の融資契約(消費貸借契約のひとつ)に基づく融資債権は、AB双方のために商行為たる行為によって生じた債権であるということになります。

　商法521条本文は、「商人間に於て其双方の為めに商行為たる行為に因りて生じたる債権が弁済期に在(あ)るときは債権者は弁済を受くるまで其債務者との間に於ける商行為に因りて自己の占有に帰したる債務者所有の物又は有価証券を留置することを得(う)」と規定していますから、A銀行は、B社から返済があるまで、B所有の債券を留置できることになります。これが商人間留置権です。

　商人間の留置権は、民法上の留置権と異なり、債務者所有の物についてのみ成立します。また、物と債権との間の直接の牽連関係を必要とせず、当事者双方の「営業上の取引から得られた債権」と「営業上の取引から得られた物」という、ゆるやかな牽連関係の下で成立するわけです(商人間の信用取引では、後者が前者の支払を担保するという構造になっているのです)。

商人間留置権の（また、これ以外の商法に基づく留置権——商事留置権も同様）民法上の留置権との効力の大きな違いは、債務者が破産したときに顕在化します。詳細は破産法で学ぶことになりますが、債務者が破産すると、債権者の有する民法上の留置権は事実上無に帰することになりますが、商事留置権者は、留置の目的物から優先的に弁済を受けることができます（破93参照）。

4. 商事契約規整に対する商法の姿勢

以上概観したように、商法は、商事契約につき、「契約の簡易迅速な締結およびその確実な履行を確保する」という観点で民法を修正する規定を設けています。これは、商取引が、多人数との間で大量に反復継続して行われ、その本質が営利の追求にあるからです。

営利性が基本であるということから、商法は、商行為（企業取引活動）の営利性を保障する姿勢を貫いています。一例をあげれば、金銭の貸借に関する民商法の規定を比較すると、民法は消費貸借契約につき無利息を原則とする規定を置いていますが（民587——「……数量の同じき物を以て返還を為すことを約し……」と規定しています）、商人間の金銭消費貸借は、特約がなくても、貸主は法定利息を請求できます（商513 I）。また、その法定利率（当事者間に利率についての特約がなく、あるいはその旨の合意が判然としない場合に適用される利率）は、民法上は年5分であるのに対し（民404）、商行為によって生じた債務のそれは年6分とされています（商514）。

商人の活動は、経済人の合理的な判断に委ねるのがよいと解されますから、「契約自由の原則」を最大限に生かすべく、商法第3編商行為法の規定は、その多くが任意法規とされています。「任意法規」とは、「当事者がその法規と異なる合意（特約）をしなかったときにだけ適用される法規」という意味です。要するに、当事者の合意（特約）が法規の内容に優先して、当事者間を規整することになるわけです。以上に対し、当事者が欲すると否とにかかわらず適用される法規を「強行法規」といいます。条文の体裁から、ある具体的規定が任意法規か強行法規かを区別することはできません。慣れるしかないわけです。ずいぶんと無責任な言い方だと思う人もいるでしょうが、これ

は言わば、初めてキノコ狩りに入山した者が外観から食べられるキノコと毒キノコを見分ける術(すべ)がないのと同じようなものですから、法律に特有の現象というわけではありません。慣れるしかないのです。

　商取引は集団的に反復して行われますから（取引の個性が失われている）、その取引から生じる効果等は、合理的・画一的に処理をする方が、営利追求という目的の達成に近道となります。たとえば、商法は、損害賠償額の算定等につき画一的に処理するに資する条文を設けています（商580など）。

　取引の早期の決着もまた、合理的経営にとって必要です。この面ではたとえば、消滅時効の短縮といった政策が採用されています。民法上の債権の消滅時効期間が原則として10年であるのに対し（民167Ⅰ）、商行為によって生じた債権のそれは、原則として5年です（商522）。

　いずれにせよ、以上さまざまに述べてきた商事契約規整に対する商法の一貫した姿勢を一言で言えば「取引の安全を確保する」ということに尽きます。「取引の安全の確保」こそが、商取引上最も尊重されるべき法益なのです。

第7章 取引の量的・空間的拡大への対処

1. 物的施設と人的施設の手当て

　商人の営業活動が軌道に乗れば、当然その取引量は増大し、取引の範囲も拡大します。そうなれば、円滑に取引を拡張して行くために、物的施設や人的施設の拡充が必要になることは容易に理解できるでしょう。

　人的施設の拡充について一般的に述べれば、雇用契約や委任契約に基づき、代理人を置けばいいという方策は、本書第3章2で学んだとおり、多くの人が思い至るところでしょう。商法は、商行為の代理・委任、すなわち商事代理・委任についても数か条の条文を設けていますが（商504条以下）、これらの条文については、本書では触れずにおきます。

　物的施設の拡充という点からは、店舗網を整備するという方策が考えられます。

　商法には、「営業所」という単語がしばしば登場します。商法にいう営業所は、「商人の営業活動の中心である場所のことである」と定義できます。その場所が営業所であるためには、一定の物的設備が整っており、営業主あるいは本店の指揮監督に服しつつも独立して当該店舗単位で取引に関する意思決定を行う人員が配置されており、その店舗が全体の収益拡大に寄与する独立した会計的単位であることが必要です。

　商人が数個の営業所を有する場合、通常は営業所間に主従の関係が認められ、その主たる営業所を「本店」、従たる営業所を「支店」といいます。

2. 商業使用人制度──企業内における人的補助施設

❖ 2-1. 商業使用人とは

　従業員の中には、営業主から代理権を与えられて、対外的な法律行為を行

う資格を有する者がいます。商法は、このような地位にある従業員を「商業使用人」と呼んでいます。すなわち、商業使用人とは、「一定の商人に従属して、商人の営業上の代理権を行使して、その営業活動を補助する者である」ということができます。代理される本人に該当する商人（自然人たると法人たるとを問わない）を「営業主」といいます。商業使用人に与えられた営業上の代理権を「商業代理権」といいます。

❖ 2-2. 支配人の代理権

　支配人は、「営業主によって本店または支店の営業の主任者として選任された商業使用人」のことです。本店の営業本部長や支店長をイメージして下さい。

　支配人は、配属された営業所単位で「営業主に代わってその営業に関する一切の裁判上の行為（訴訟行為）および裁判外の行為（とりわけ取引行為）をなす」代理権を与えられています（商38Ⅰ）。このような広範な代理権を「支配権」といいます。

　支配人の代理権（支配権）は、法律上、当然に不可制限的なものであることが前提とされています。それゆえ、商法38条3項は、支配人の代理権に制限を加えても、善意の第三者に対抗できないと定めています。これは、支配人の代理権が本来「包括的・定型的」なものであるからです。同条により、支配人と取引をした相手方は、民法110条等に依拠することなく、保護されることになります。このように商法は、営業主の表見代理責任を民法よりもいっそう強化しているのです。加えて商法は、このような代理権を有する支配人の選任・終任を、それを置いた本店または支店の所在地を管轄する登記所で商業登記簿に登記しなければならないものとしています（商40）。つまり、支配人の存在を登記によって広く社会に公示しているわけです。

　取引の安全という観点から、商法は、表見支配人の規定を設けています。すなわち、取引に際して、本店または支店を代表して現れた者が、支配人の地位にあることを示すような肩書を付されて登場してきたとき、その肩書を信頼して（すなわち、この者が支配人としての代理権を有するものと信頼して）取引をした者を保護する規定が設けられています（商42）。これは、権利外観法

理ないし禁反言則を基礎に、営業主の表見責任を民法よりも強化・拡張した規定であると評価できます。

❖ 2–3. 部長・課長・係長の代理権

販売、仕入、資金の運用など、一定の事項につき、ある程度の包括的な代理権を付与された商業使用人がいます。このような「ある種類または特定の事項の委任を受けた使用人」を、商法の用語では「番頭、手代」といいます。現代の役職名で表現すれば「部長、課長、係長」のことです。

このような商業使用人は、その事項に関していっさいの裁判外の権限があるものとみなされ（商43 I）、その権限に制限を加えても善意の第三者に対抗できません（商43 Ⅱ→38 Ⅲ）。

❖ 2–4. 物品販売店舗の使用人の代理権

物品販売を目的とする店舗に配置された商業使用人は、現に代理権が付与されていると否とを問わず、当該店舗内にある物品の販売に関する権限を有するものとみなされます（商44 I）。営業主は、当該使用人にそのような代理権がないことにつき相手方が悪意または重過失であるときに限って、これに対抗できます（商44 Ⅱ→42 Ⅱ）。店舗に来集する公衆の保護に資する規定です。

❖ 2–5. 支配人の規整

商業使用人のうちとりわけ支配人は、営業主の分身ともいうべき大きな権限を持ち、加えて営業上の機密に通じることのできる立場にあります。したがって、営業主と支配人との間には強い信頼関係が不可欠です。商法は、このような信頼関係を法的に支えるために、支配人に特別な義務を課しました。

支配人は、営業主の許可なく、営業主が営んでいるのと同様の部類に属する営業（商品や役務の内容が市場で競合するもの）をしてはならないのは当然のこと（競業避止義務といいます）、加えて、競業にならない営業一般をなすについても、同種の営業を目的としない他の会社の無限責任社員・取締役となりまたは他の商人の使用人となるについても、営業主の許諾を得なければなりません（商41 I）。無限責任社員という単語は第9章で説明しますから、今

は読み飛ばして下さい。支配人がこれらの義務に違反すれば、債務の本旨に従って義務を履行しなかったことにより（債務不履行）、損害賠償責任が生じ（民415）、営業主による解任事由にもなるでしょう（民628、651Ⅱ）が、さらに商法は、支配人が自己のためになした競業取引を営業主のためになしたとみなして、取引の経済上の効果をすべて営業主に移すよう支配人に請求することができる権利（介入権といいます）を営業主に与えました（商41Ⅱ・Ⅲ）。営業主は、支配人に対する一方的意思表示によって介入権を行使することができます。

3. 補助商の制度——企業外における人的補助施設

❖ 3−1. 総説——名古屋支店を設置すべきか

たとえば神戸を拠点に成功を収めた商人がいたと仮定します。この商人は、名古屋への進出を計画しました。もちろん、商人は、収益を追求して合理的な行動をとりますから、法学部を擁する大学が右に倣えとばかりに遮二無二ロー・スクールの設置に向けて突っ走るような馬鹿な真似はせず、事前にしかるべき調査をして、勝算ありと考えてはじめて、進出計画を具体化するでしょう。

普通に考えれば、営業所すなわち名古屋支店を開設し、腹心の部下を支配人すなわち名古屋支店長に任命し、精鋭の従業員をこれに付けて送り込めばよさそうに思えます。よほど勝算ありと判断すれば、いきなりこの方法を採ってもいいかもしれません。しかし、この方法によるときは、失敗した場合のダメージも相当なものになるでしょう。撤収という事態に至れば、支店を閉鎖する余分なエネルギーが必要です。

そうであるとすれば、最初の段階では、名古屋の事情に精通した名古屋の商人と提携して、様子を見ながら進出を図るという方法が十分検討に値するといえます。

企業の外から、その企業その商人を補助することそれ自体を自らの営業とする独立の商人が存在します。このような商人を「補助商」といいます。商人は、このような補助商と提携することにより、新たな企業活動の展開を図

ることが可能になります。商業使用人を企業内における人的補助施設と位置づけるとすれば、補助商は企業外における人的補助施設と位置づけることができるでしょう。

❖ 3-2. 代 理 商

代理商は、「商業使用人ではなくして、一定の商人のために平常その営業の部類に属する取引の代理または媒介をなす者」であると定義できます。

取引の代理をする代理商を「締約代理商」といい、取引の媒介をする代理商を「媒介代理商」といいます。取引を代理するとは、本人の代理人たる資格で相手方と取引をすることであり、取引を媒介するとは、本人と相手方の間に立って、各種の仲介や斡旋を行い、取引の成立に尽力することです。

代理商と本人である商人との間の契約を「代理商契約」といい、この契約によって、代理商と本人とは継続的関係に立つことになります。本人をA、代理商をBとします。締約代理商の場合、Bは代理商契約の実行行為として、Aの代理人として第三者と契約を締結し、成立した契約につきAから報酬を得ることになります（商512）。媒介代理商の場合、Bは代理商契約に基づき、Aのために取引相手方を紹介したり、Aと相手方の意見の伝達や取引内容の折衝の仲介といった、Aと相手方との契約成立に向けた事実行為を行い、成立した契約につきAから報酬を得ることになります（商512）。

AとBとの関係は、委任（民643）または準委任（民656）と解されますから、商法に特別の規定がない限り、民法の委任に関する規定が適用されます。

Bは、Aと継続的契約関係に立つことを前提に、たとえば自ら多額の先行投資を行うでしょうから、民法の委任契約のように、各自がいつでも解約を告知できるとすることは（民651）、必ずしも妥当ではありません。そこで商法は、代理商契約の解約告知につき特別の規定を設け、当事者の信頼関係が

損なわれるような事態が生じない限り、各当事者は、2か月前に予告をしない限り、解約ができないものとしました（商50）。

話は横道にそれますが、「解除」と「解約告知」という用語の正確な用い方を説明しておきます。商法50条1項の条文には「契約の解除を為すことを得」という表現が用いられています。しかし、同条同項の「解除」は、正確には「解約告知」と呼ばれるものなのです。同条同項でいうところの「解除」がなされると、契約は将来に向かって消滅する、つまりその時点で終了するにすぎません。これに対して、法律上「契約解除」という場合の正確な意味は、解除権を行使できる者の一方的意思表示によって、契約を最初に遡って（契約の締結当初に遡って）失効させるということなのです。民法や商法の条文は、「解除」という単語の用法につき厳密に使い分けていませんから、それぞれの規定の内容から「解除」の意味なのか、「解約告知」の意味なのかを判断するより他ないのです（民法620条のように明確な説明の付された条文もありますが）。

話を代理商に戻します。Bが取引の代理または媒介をしたときは、遅滞なくAに通知しなければなりません（商47）。民法の委任における受任者の報告義務（民645、656）をいっそう強化したものです。AとBとの間の信頼関係を法的に支えるべく、商法は、その48条1項において、Bに競業避止義務を課しました。ただし、Bは支配人と異なり独立の商人ですから、禁止される営業の範囲は競業行為に限られます。Aの許諾なく行われた取引の効力、介入権行使の方法および効果は、支配人の場合と同様です。

Bは、特約がない限り、取引の代理または媒介をなしたことによって生じたAに対する債権（たとえば報酬請求権）が弁済期にあるときは、Aのために占有する物または有価証券を留置することができます（商51）。これを「代理商の留置権」といいます。商事留置権としての効力を有します。

❖ 3−3. 問　　　屋

問屋（「といや」と読みます）とは、「自己の名をもって他人のために物品の販売または買入を行うことを営業とする者」であると定義されます（商551）。俗に、卸売商のことを「とんや」と称し、同様の漢字が当てられますが、商

法上の問屋ではありません。

上にいう「他人のためにする」とは、「他人の計算でする」という意味です。したがって問屋は、「自己の名をもって法律行為を行うのであるが、当該行為の経済的効果（すなわち損益）が他人に帰属することになる」という形式の営業を行う者です。

問屋を利用するメリットを具体例で考えてみます。Aが画期的な新製品の開発に成功したとします。Aは、この製品を市場に売り出したいと考えました。しかし、Aは、商取引については素人です。そこでAは、取引のノウ・ハウを熟知したBにこの製品の販売を委託し、取引に関するBの信用・手腕を利用することにしました。こうすることにより、Aは匿名で商機を利用できます。以上は、Aにとってのメリットになります。また、Bの側から見ても、市場でヒットするか否か不明確な新製品を、たとえばAから購入して、自分で転売するというのはリスクが大き過ぎます。委託販売の形をとれば、そのようなリスクを回避できるのです。また、Bと取引をする相手方も、契約当事者たるBの信用・手腕を信頼すればよく、背後にいるAの信用等の調査をせずに済み、それだけ迅速な取引が可能になります。

このように問屋が活躍することで、商品の供給者と需要者は、互いに適切な取引相手を探すことが容易になります。今日の社会で代表的な問屋といえば証券会社です。問屋としての証券会社は、相場の変動の激しい株式等の取引を迅速化させ、価格変動から生じる損益を顧客に帰せしめるという市場経済社会の中核的な部分を担う役割を果たしています。

委託者Aと問屋Bとの契約を「問屋契約」といいます。この契約は、AがBに対して物品売買という法律行為をすることの委託契約ですから、委任契約の一種です（民644、商552Ⅱ）。

BがAのために売買を行ったときは、Aの請求を待つまでもなく、遅滞な

くAにその通知をしなければなりません（商557→47）。Aが委託取引の結果を知り、さらに適当な指示ができるよう便宜を図っています。

Aが一定の価額（指値）で売買をなすべき指示をし、または一定の値幅を指定して（計らい）その中で売買をなすべき指示をしたときは、Bはこれに従わなければなりません。これを「問屋の指値遵守義務」といいます。もっとも、商法554条は、Bが指値と実際の売買価格との差額を負担するときは、指値を守らずになされた売買もAに対して効力を生じる旨を規定しています。

Bは、Aのためになした売買につき、取引の相手方がその債務を履行しないときは、別段の特約または慣習がない限り、Aに対して自ら履行をなす責任があります（商553）。これは、問屋という営業の信用を確保するとともに、Bの手腕を信頼したAの保護を図るために商法が特に採用した法政策です。これを問屋の「問屋の履行担保義務」といいます。

Bは、別段の意思表示がある場合を除き、Aのために物品の売買をなすことによって生じたAに対する債権（費用の償還請求権や報酬請求権など）が弁済期にあるときは、Aのために占有する物または有価証券を留置できます（商557→51）。これを「問屋の留置権」といいます。

Bは、Aが買入委託を行ったにもかかわらず、AがBの買い入れた物品の受領を拒みまたは受領ができないときは、その物品を供託しまたは相当の期間を定めて催告した後に物品を競売に付すことができます（商556→524）。

供託とは、法令の規定に基づき、金銭、有価証券またはその他の物品を供託所またはこれに代わる一定の者に寄託することです。Bは、買入委託を受けたことにより、購入した物品をAに引き渡す債務を負っているのですが、Aがその履行に協力しないため、債務を履行することができません。それゆえ、債務を免れる手段として、供託という方法が認められているのです（このような供託の一般規定は民494）。また競売とは、民商法の規定に基づき、動産・有価証券または不動産を、執行吏または地方裁判所が関与して、競売法に定める手続によってする特殊な売却方法をいいます。民事訴訟法分野で学びます。

❖ 3-4. 仲立人

仲立人とは、「他人間の商行為の媒介をなすを業とする者」であると定義できます（商543）。いわゆる周旋業者（ブローカー）と呼ばれる商人です。他人間に法律行為が成立することに尽力する者です。他人間の商行為であれば、一方的商行為であろうと、非商人の商行為であろうとかまいません。

Aが旅行しようとしたとき、宿泊先を自分で探すより、情報を豊富に有する旅行業者Bに依頼して、適当なホテルCとの宿泊契約の締結を媒介してもらう方がはるかに便利でしょう。Bは、AとCとの間の宿泊契約の締結という法律行為の成立に尽力したことになります。Cは、商法502条7号所定の場屋営業を行う商人ですから、宿泊契約の締結は、Cにとって営業的商行為になります。したがって、上の例のBは、仲立人の定義に合致するわけです。

仲立人は、旅行業をはじめ、有価証券や商品の売買、金融（たとえばコール市場や外国為替市場）、海上保険といった分野で利用されています。

AとBとの契約を「仲立契約」といいます。仲立人の権利義務についての解説は省略します。

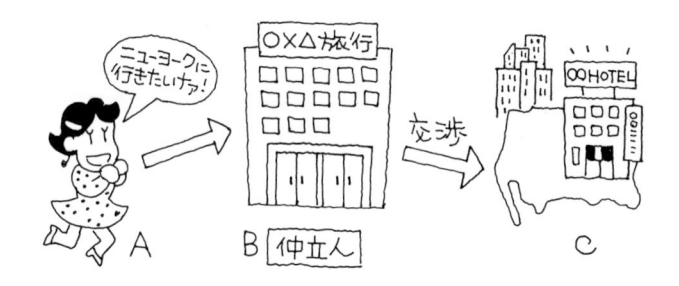

第 **8** 章

商人間信用の銀行信用への転換―今日の手形制度

1. 総　　説

　商人間で見られる取引の多くは、信用取引です。たとえば、AがBに1,000万円分の商品を売却した場合、Aは売主として、Bに対して1,000万円分の商品代金請求権を有します。このとき、その債権の弁済期日を、たとえば3か月先に設定すれば、AはBに対して支払を3か月間猶予した売掛金債権を有することになり、これは、AがBに1,000万円分の信用を供与していることになるわけです。Aは、Bの返済能力を信頼して、弁済を3か月の間猶予してやっているからです。

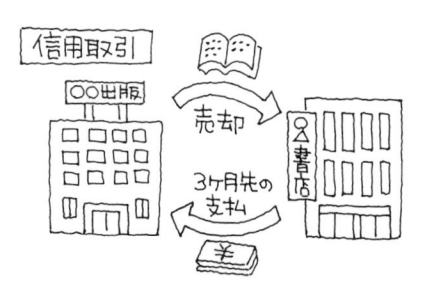

　Aは、このまま何もしないでいれば、3か月先に1,000万円の現金を手にすることができるでしょう。しかしAにとっては、売掛金債権を金融手段として活用できれば便利です。より具体的にいえば、このような売掛金債権を担保として、直ちに銀行Cから融資を受けることができれば、3か月待たなくても、手許に運用可能な現金を手に入れることができるというわけです。

　このとき、先進国で普通に行われる方法は、Aが、売掛金債権をそのままの形でC銀行に譲渡担保に供し、Cから融資を得るという方法です。「譲渡担保」というのは、「目的物自体を債権者に譲渡するという形式をもってなされる担保権設定行為である」ということができます。わが民法には定めのない制度ですが、経済的需要が大きいのでわが国でも盛んに行われ、裁判所もこれを有効と認めています。つまり、AがCから融資を受けるにあたり、A

のBに対する売掛金債権を担保目的でCに譲渡するのです。かりに、AがCに返済ができなかったときは、Cが債権者としてBから売掛金債権を取り立て、Aの融資債務の弁済に充当することになります。

譲渡担保そのものは、上に述べたようにわが国でも大いに利用されているのですが、売掛金債権を譲渡担保とする金融取引に限っては、わが国ではあまり利用されていません。これに相当する金融取引としてわが国で盛んに行われているのは「手形割引」という方法です。

2. 売掛金債権を譲渡担保とする取引の短所

❖ 2-1. 基礎知識の整理──指名債権の譲渡

本題に入る前に、まず基本的な部分から述べます。債権は、原則として譲渡が可能です（民466 I 本文）。

特定の者を債権者とする、ごく普通の債権を「指名債権」といいます。AのBに対する売掛金債権は指名債権です。このような債権をCに譲渡する手続をまとめてみましょう。

指名債権の譲渡は、譲渡人Aと譲受人Cとの契約によってなされます。債権譲渡に関するAC間の合意があれば、AC間では、債権は有効に移転します。つまり、AはCに対して、依然として自分がBの債権者であるとは主張できず、CをBの債権者として認めなければなりません。しかし、債権者がAからCに変更されたという事実を債務者Bに対抗するためには、Bに対する関係で対抗要件を備える必要があります。AC間の債権譲渡の事実（債権者の交替）をBに対抗するためには、Aがその事実をBに通知またはBがこれを承諾しなければなりません（民467 I）。Bの承諾は、ACいずれに対してなしてもかまいません。

AがBに対する債権をCに譲渡し、同じ債権をDに譲渡したとします。AC間の譲渡契約とAD間の譲渡契約とは、相矛盾するように思われますが、このような譲渡契約は共に当事者間では有効です。しかしながら、CとDの立場からは、互いの法律上の地位を到底認めるわけにはいきません。互いに、自分こそが正当な権利者であると主張したいでしょう。ここに、CとDとの

間の対抗問題が浮上します。CとDとの間では、先に対抗要件を備えた者が優先することになります。すなわち、Aから債権の譲渡を受けたという事実を債務者B以外の第三者に対抗するためには、上に述べたBに対する通知またはBからの承諾を確定日付のある証書をもってなす必要があるのです（民467Ⅱ）。「確定日付ある証書」とは、証書についてその作成された日に関する完全な証拠力（証拠としての信憑力）があると認められる日付の付されたものをいいます。公証人役場でこれを受けるか、内容証明郵便で書面を差し出す等による方法がよく用いられます。CとDとの優劣は、この確定日付の先後によって決せられます。

次に、上に述べたような指名債権譲渡の承諾または通知の効果について整理しておきます。もし、Bが承諾をなすにあたり、特段の異議を留めなかったときは、債務の履行に関してAに対抗できる事由（AのBに対する権利行使を阻止ないし排斥できる事由、抗弁事由という——譲渡される債権の不成立や消滅といった事由も含む）を有していたとしても、これをCに対抗できなくなります（民468Ⅰ）。異議を留めないBの承諾は、Cを保護し、指名債権譲渡取引の安全に資する作用を有します。一方、Bへの単なる債権譲渡の通知だけでは、Bの抗弁権の対抗力は失われません（民468Ⅱ）。本来、債権譲渡は、債権の同一性を保ちつつ権利主体を変更するにすぎないものですから、目的たる債権に付着している抗弁事由は、そのまま移転するのが原則だからです。したがって、指名債権譲渡にあたり、原則は民法468条2項のほうであって、Bの抗弁権は失われず、取引安全のために例外的に同条1項によるBの異議を留めない承諾という制度が設けられていると捉えることができます。

❖ 2-2. 債権譲渡を譲受人の立場から眺める

上で述べた指名債権譲渡手続を、譲受人Cの視点から整理してみましょう。まず、対抗要件を備える手続ですが、確定日付ある証書をそろえる必要がある等、ABC間で、やや煩瑣な手続をこなさなければならないのが面倒であるといえます。

債権は物と異なり、物理的な存在ではありませんから、実物を視覚や触覚で確認できるとは限りません。AのBに対する債権は有効に成立しているの

か、売買契約に無効原因があって、売掛金債権も無効であることはないだろうか、Bの抗弁事由はどうか、こういった点は、Cが最も気にするところでしょうが、Bの異議を留めない承諾がない限り、このような点に関するCの不安は払拭できません。

また、Aに譲渡対象となる債権の処分権があるか否か、この点もCにとっては不安です。Aが、いかにも譲渡対象となる債権の権利者であるように振る舞っていても、無権利者であれば、債権譲渡は成立しないのです。

上に述べたようなCの不安は、一言でいえば、「譲り受けようとする権利の存在に対する不安」および「譲り受けようとする権利の所在に対する不安」であると集約することができるでしょう。

Bに対する売掛金債権をそのままの形で譲渡担保として金融を得ようとAが欲したとしても、金融の便を与えようとするCの立場から眺めれば、法律的には上に述べたような障壁が存在しますから、Cの不安を相当に減殺できる工夫が必要であるということになります。

3. 有価証券の利用

❖ 3-1. 私権を表章する証券、私権が化体された証券

社会にあまた存在する証券の中に、「有価証券」と呼ばれる証券群があります。このような証券は「財産的価値を有する私権を表章する証券である」とか、「そのような私権が化体された証券」であると説明されています。しかし、「表章する」あるいは「化体する」と表現したところで、それが具体的に意味するところは、これでは必ずしも理解できないでしょう。ただし、証券と権利とが何らかの形で結合しているのだろうといった漠然としたイメージは摑めるのではないかと思います。

このイメージから出発し、有価証券といえるためには、権利と証券がどの程度結合していればいいのかを考えてみましょう。有価証券における権利と証券との結合の程度は、上のイメージから一歩踏み込んで「権利の移転および行使の双方に証券を用いることを要するものとされる」ということができます。

このような作用を有する有価証券を、債権譲渡取引に応用すると、どのような効果があるのでしょうか。

❖ 3-2. 債権の移転および行使が証券によってなされるという工夫 ───
　債権譲渡取引を有価証券を利用して行うということは、この取引を、債権の移転および行使の双方に証券を必要とする、そのような証券を介して行うということです。この工夫が、債権の譲受人Cにどのような恩恵をもたらすことになるのか、検証してみましょう。

　債権の移転に証券が必要であるということが、債権の移転が証券によってなされるという意味です。すなわち、債権を移転するには証券を交付しなければならないということになるわけです。証券を交付しない限り、債権の移転は有効に成立しないという結果になります。このような法政策が採用されれば、Cが証券の交付によって債権を譲り受けたときは、譲渡人Aはもはや同じ債権を他人に二重譲渡することが不可能になりますから、証券を占有するCは、自己以外に権利者は存在しえないはずであると安心して「確定的に」この債権を取得することができるでしょう。

　債権の行使に証券が必要であるということは、債権の行使（履行の請求）が証券によってなされるという意味です。すなわち、履行を請求するには、債務者に証券を呈示してこれを行わなければならないということになるわけです。証券を呈示しない限り、履行請求ができないのですから、Cは、証券の所持を失わない限り、自己のみが権利者であって、他人によってこの権利を消滅させられるおそれがないという保障を手に入れることができるでしょう。

4. 約束手形の利用

　債権譲渡取引に有価証券を利用することで、譲受人Cの立場は、かなり有利なものになることが理解できたでしょうか。しかし、これだけでは、本章2-2で述べたCの抱く「債権の存在および所在に対する不安」はいまだ解消されていません。そこで、もう一歩進んで、有価証券概念をベースに、Cのこのような不安を相当程度減殺することのできる窮極の有価証券、約束手

形について概観してみることにしましょう。

❖ 4−1．約束手形のイメージ

　約束手形とは、「手形の振出人が受取人またはその被指図人に対して券面記載の手形金額を満期に支払う旨の単純な約束」を債務として表章した有価証券です。すなわち、「支払約束証券」とよばれる証券です。支払証券たる約束手形は、振出人に対する確定的な金銭債権を表章する（手78Ⅰ）有価証券です（金銭債権証券）。

　たとえば、AがBに1,000万円の商品を売却したことにともなう売掛金債権が平成16年10月10日に発生し、その弁済期日を3か月後の平成17年1月10日とすることに合意したとします。

　このとき、買主たる債務者Bが、通常はその売掛金債務の支払のために（売掛債務の支払ということの結着をつける手段として）下のような約束手形を作成してこれに署名し、Aに交付します。約束手形を作成してこれに署名し、相手方（受取人）に交付する行為を、約束手形の「振出」といいます。なお、「署名」には「記名捺印」を含みます（手82）。「署名」は、さしあたり手書きによる名称の表示とイメージし、「記名捺印」は、手書き以外の方法で名称を表示し、その傍らに印鑑を押捺することとイメージして下さい。

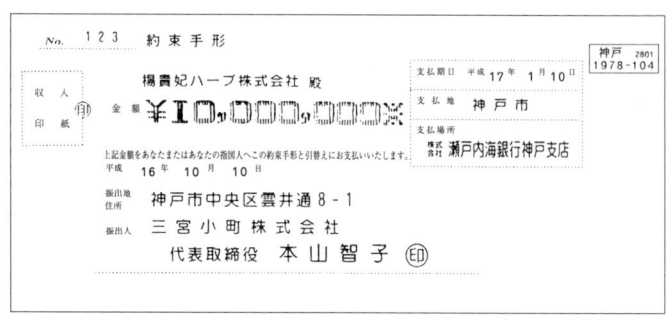

```
No. 123    約束手形                              神戸  2801
                                              1978-104
         楊貴妃ハーブ株式会社 殿    支払期日 平成 17 年 1 月 10 日
収  人
取  印   金額 ￥10,000,000※        支払地 神戸市
人  紙                             支払場所
                                  株式 瀬戸内海銀行神戸支店
                                  会社
上記金額をあなたまたはあなたの指図人へこの約束手形と引替えにお支払いいたします。
平成 16 年 10 月 10 日
振出地   神戸市中央区雲井通 8−1
住所
振出人   三宮小町株式会社
         代表取締役  本山智子 ㊞
```

（タテ93mm・ヨコ216mm）

　約束手形を振り出す行為は、手形法75条に定める約束手形要件を紙面に記載し、作成者が振出人として署名した書面を受取人に交付することによって、

振出人がその記載どおりの無条件かつ絶対的な支払義務を負担することを約束する行為です。書面による法定の要式を満たしてなす法律行為です。

手形は、法律上は商人たると非商人たるとを問わず誰にでも振り出すことができますが（商501④──絶対的商行為）、現実には、商人間の商取引によって生じた債権債務関係に結着をつける手段として振り出され（このような健全な手形を「商業手形」といいます）、しかも、銀行と当座勘定契約を有する商人によってのみ振り出されています。当座勘定契約とは、振出人と銀行との間の契約で、振出人が取引銀行に当座預金口座を開設し、その預金残高の範囲内で銀行に手形の支払を委託する契約です。

前ページに示した手形見本の右上部に、支払場所として瀬戸内海銀行神戸支店という記載があります。これを第三者方払の記載（手77Ⅱ→4）といいます。この手形の振出人は、支払期日までに当該銀行の振出人名義の当座預金口座に1,000万円を入金しておくわけです、こうしておけば、手形の支払を受けようとする者が当該銀行に手形を呈示すれば（手形の呈示、手形金の取立も実際には権利者の取引銀行によってなされます）、銀行が当座預金口座から1,000万円を出金して支払うという事務を振出人に代わって行ってくれるのです。

銀行実務上は、当座預金口座の開設に応じた者に限って、銀行は、規格や様式が全国銀行協会連合によって統一された、いわゆる統一手形用紙を交付することにしています。手形の作成に用いる用紙について、法律上は何の制限もありませんが、わが国で実際に流通する手形は、このように統一手形用紙上に作成されたものに事実上限られています。

約束手形の作成にあたり、必ず記載しなければ手形としての効力を生じない記載事項のことを絶対的記載事項（手形要件）といいます。約束手形が約束手形としての効力を有するためには、絶対的記載事項を記載しなければなりません（手75、76参照）。約束手形は「要式証券」とよばれる証券です。しかも、記載すべき事項のみならず、記載してはならない事項（有害的記載事項）によっても画された、きわめて厳格な要式証券です。銀行によって調整された統一手形用紙にあっては、空欄さえ埋めれば、すべての絶対的記載事項を記載できるようになっています。

第8章 商人間信用の銀行信用への転換──今日の手形制度

支払約束証券たる約束手形に表章されるのは、個性のない抽象的な金銭債権です。上に述べたように、ここで例示した約束手形の振出の原因となったのは、ＡＢ間に存在する商品売買契約に基づく売掛金債権ですが（これらを約束手形振出の原因関係という）、このような原因関係において存在している証券外の権利とは別個の、抽象的な権利が表章されているのです。

　証券上の権利とその発生原因となった法律関係との関連が跡切れている有価証券を「無因証券」といいます（その証券の作成前に証券外で成立している権利を、その同一性を保ったまま証券に表章したものを、無因証券に対して「有因証券」といいます。手形は、典型的な無因証券です）。

　無因証券ですから、原因関係上の権利が有効に成立していると否とを問わず、またその権利内容がどのようなものであるかに関係なく、約束手形に表章される権利の内容は、証券に記載される文言によって決定されます。このような証券を「文言証券」といいます。

　AB間でなされる、約束手形の振出という証券行為が有効に成立すれば、これによってAB間に手形債権関係という新たな権利関係が原因関係とは独立して誕生します。このような証券を「設権証券」といいます。

　以上述べただけでは、おそらく約束手形のイメージがもうひとつ捉えきれないのではないかと思います。とくに、約束手形の無因証券性という点をもう少し掘り下げてみましょう。

❖ 4−2. 振出人と受取人との関係

　ＢがＡに対する売掛金債務 1,000 万円の支払のために、約束手形を振り出した段階で、両者の間にはどのような権利義務関係が存在することになるのでしょうか。次ページの図で説明します。

　順を追って眺めると、①の契約の法律効果として、両者間に①′の債権が発生しました。そして、①′の支払のため、Ｂは②という法律行為を行いました。その結果、Ａは、①′の債権とは別個独立の、抽象的な②′という金銭債権をも取得したのです。

それでは、①′と②′という両債権の関係はどうなるのでしょうか。

　原因関係である①の契約に無効原因が存在するような場合には、当然に

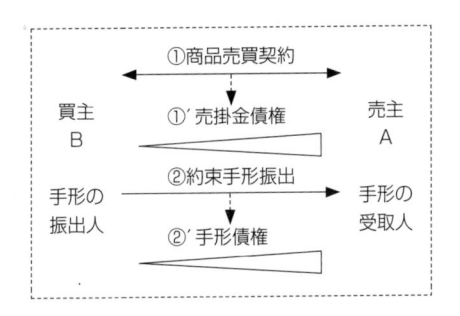

```
┌─────────────────────────────────────────────┐
│           ①商品売買契約                       │
│        ←──────────────→                     │
│   買主      ①′売掛金債権     売主            │
│    B      ◁──────────      A              │
│                                             │
│            ②約束手形振出                     │
│   手形の   ──────────→     手形の           │
│   振出人    ②′手形債権      受取人           │
│           ──────────▷                      │
└─────────────────────────────────────────────┘

①′の債権も無効になります。①の契約に取消原因があって、取消がなされた場合も同様です。また、①の契約で合意された内容どおりにＡが商品を納入しなかったり、商品の数量が不足していたり、Ａが売主としての義務を誠実に履行しなかった場合には（債務不履行）、①の契約自体が解除されたり、①′の債務の減額請求がＢからなされることもあるでしょう。

しかし、①および①′にかかわる上のような事情は、②の行為および②′の債権それ自体に何の影響もありません。約束手形に表章された②′の債権は、具体性をすべて捨象した抽象的な金銭の支払約束にすぎず、①に関して生じるあらゆる事象と無関係に存在しており、当然に、①′と別個独立の債権なのです。手形債権の無因性とは以上のようなことをいいます。

しかし、たとえば①の契約が無効であるとか、Ａの側に①の契約に基づく債務不履行があるにもかかわらず、手形を所持するＢが②′の権利に基づいて支払を請求するのは、あまりにも虫のいい話であると素人でもわかるでしょう。

ＡＢの間に限っては、①に関して生じるＢが支払を拒みうる事由をもって、②′の権利行使も拒むことができます。①に関してのみならず、たとえばＢがＡに対して500万円の反対債権を有していれば、「これと手形債務との差額（1,000万円－500万円）だけを支払えばいいはずだ」という抗弁（手形外の「相殺の抗弁」という）を持ち出すこともできます。つまり、ＡＢ間に限っては、Ｂは、Ａとの間の個々の人的関係に基づいて生じるあらゆる抗弁（人的抗弁という）をもって、ＡのＢに対する②′の権利行使を拒むことができるのです。

つまり、ＢにおいてＡに対する人的抗弁が存在すれば、②′という権利は存
```

在はしているが、Aによる権利行使は阻止ないし制限されるという構造になっています。

❖ 4-3. 手形債権の譲渡

以上をふまえて、次に、手形上の権利を譲渡する場合を見ていくことにしましょう。以下では、手形上の権利が譲渡に適した法構造を有しているということを理解してもらいます。

たとえば、約束手形の受取人Aが、Cに対して、商品の原料を購入した1,000万円の債務の支払のために、Bが振り出した券面額1,000万円の約束手形を譲渡する場合を考えてみましょう。AC間では、これが手形債権を譲渡する原因関係になります。このように、手形は、流通する当事者間に存在する債権債務関係の連鎖をまとめて決済する手段として利用できます。各々の流通経路の原因関係に瑕疵がなければ、手形所持人が満期に振出人から手形の支払を受けることによって、流通経路に存在した原因関係に基づく債権債務もすべて決済されることになるわけです（原因関係に瑕疵があるときは、別に個別当事者間での解決に委ねられます——たとえば、不当利得返還請求（民703以下）などによって。不当利得については民法で学んで下さい）。

AがCにB振出の約束手形を譲渡する場面を、まず譲渡の形式面から観察してみます。

原則として、手形上の権利は、「裏書」という特殊かつ簡便な方法によって

（記名式裏書例）

譲渡されます。これを手形の指図証券性といいます。

前ページの見本を見て下さい。これは統一手形用紙の裏面ですが、ここには、裏書欄が印刷されています。譲渡人Ａは、その第１裏書欄に自己の署名をして手形をＣに交付します。このとき、Ａを「裏書人」、Ｃを「被裏書人」といいます。これによって、手形上の権利は、被裏書人Ｃに移転します。このように、裏書には、その本来的効力として、手形上の一切の権利を被裏書人に移転する効力があります。これを「裏書の権利移転的効力」といいます。

譲受人Ｃの立場からこの権利移転を観察してみましょう。本章４－２で示した受取人Ａと振出人Ｂとの関係図に戻ると、Ｃが譲り受けるのは、②′の権利であり、したがって、①について生じるあらゆる事象と関係なく成立している権利です。そうであるとすれば、Ｃとしては、①に関してＡＢ間に存在する具体的事情、たとえば①の契約に無効原因がないのか、といったことを一切調査する必要がないことになります。そこに形式上有効な手形が存在する限り、Ｃは、手形に記載されたとおりの権利が存在するものと信頼して、安心して手形を譲り受ければよいのです。このように、手形の無因性および文言性は、Ｃの抱く権利の存在に対する不安をかなり取り除いてくれるでしょう。

Ｃにとってさらに好都合なのは、ＡからＣに手形が裏書譲渡されると、Ｃは、手形外に存在するＡＢ間の人的関係に基づく抗弁の対抗を受けることなく、純粋に抽象的な金銭債権の債権者たる地位につけるのです。振出人Ｂの側から見れば、Ｂは、手形授受の直接の当事者間で対抗しえた抗弁をもって、もはや新たな所持人Ｃに対抗し得なくなるということです（手77Ⅰ→17本文）。これを「人的抗弁の制限」といいます。これもまた、Ｃの手形取得を促進する方向に作用する効果です。

しかし、法は、人的抗弁制限効をＣが悪用することを許しません。すなわちＣが、この効果を利用してＢを害する目的であえて手形を譲り受けるようなときは、Ｂに「悪意の抗弁」を主張できる余地を与えています（手77Ⅰ①→17但書）。典型的には次のような場合です。ＡＢ間で売買契約が締結され、買主Ｂが売主Ａに約束手形を振り出しました。しかし、Ａは商品を納入する様子がなく、Ｂによってこの売買契約が解除されるのは必至の情勢です。Ｃ

が、手形取得の時点で、このような事情を承知の上でAから裏書によって手形を取得したのであれば、人的抗弁制限効という法技術を盾に、Bを困らせる以外の何物でもないということになります。このような場合にCを保護する必要はありませんから、Bは悪意の抗弁によってCの請求を拒むことができます。もっとも、Cの手形取得の事情は、Bがこれを発かなければなりません。

　いずれにせよ、人的抗弁の制限という法政策により、Cは相当に有利な地位を与えられることが理解できただろうと思いますが、さらに、Aの裏書には、もしBが約束手形の支払に応じなかった場合にはA自身が爾後の被裏書人に対して担保責任を負うという効力が与えられています。これを「裏書の担保的効力」といいます。かりに、Cが支払期日に適法な支払呈示をしたにもかかわらず、Bが手形金の支払ができなかったときは、Cは所定の手続を経て、裏書人Aに対して、手形金の償還を請求できるのです（手77Ⅰ→43以下）。これを「遡求」といいます。つまり、手形を譲り受けるCは、BだけでなくAの信用・資力にも依存できるのです。裏書の担保的効力もまた、Cによる手形取得の積極要因になります。

❖ 4-4. 手形の善意取得

　裏書に手形の権利を移転する効力が認められるとすれば、裏書の重ねられた手形の裏書欄の裏書人・被裏書人の相互に形式的な連続があり、そのような手形を現に最終の被裏書人が所持していれば、この者が権利者である蓋然性が高いということになります。この点を、正式に法制度として認めたのが、裏書の連続する手形の最終所持人を適法の所持人（権利者）であると推定する効力なのです（手77Ⅰ→16Ⅰ）。これを「裏書の資格授与的効力」といいます。

　そして、この資格授与的効力を譲受人の利益に適うよう拡大した延長線上にある重要な制度が「手形の善意取得」と呼ばれる制度です。

　Bによって振り出され、Aを受取人とする手形がCに裏書譲渡され、いまCの手許にこれがあるとしましょう。当然にCが手形上の権利者です。Dが、Cからこの手形を盗取しました。Dは、手形上の権利者にはなれず、依然と

して権利者はCです。ところが、Dが裏書欄にCの裏書を勝手に作り上げ（裏書の偽造）、あたかも自分が権利者であるような体裁を整えたうえで、そのような事情を知らないEに対して、この手形を裏書譲渡しました。Eは、無権利者たるDから手形を譲り受けたのですから、本来からいえば、手形上の権利者になれる道理はないはずです。そうであるとすれば、たとえば裏書が形式的に連続していたとしても、Eが手形上の権利を確定的に取得しようと欲するならば、すべての裏書が真正に行われたか否かを調査せざるをえないことになります。これでは、手形の流通を促進させるべく、これまで述べてきたあらゆる法政策が一気に水泡に帰してしまいます。そこで、このようなEの不安を取り除き、彼を保護するための制度として善意取得制度が大きな意味を持つことになります。

　Eは、実質的に無権利者であるDから手形を譲り受けたにもかかわらず、その手形の裏書が形式的に連続していれば、Eに悪意または重過失がない限り、Eが手形上の権利者となりうるというのが手形の善意取得の制度です（手77Ⅰ①→16Ⅱ）。この結果、従前の権利者であるCは権利を失います。

　このように、手形の善意取得という制度は、譲受人が抱く権利の所在に対する不安を相当程度減殺してくれます。善意取得制度は、人的抗弁制限効と並んで、手形の流通を保護するための2本柱のひとつであると評価できます。

　以上概観してきたように、手形という証券を利用して債権を譲渡することは、本章2-2で整理した債権譲受人の抱く不安を相当に除去できることになるわけです。

❖ 4-5. 手形の支払と銀行取引停止処分

　手形の支払の確実性は、わが国では、法的にというよりも、銀行業界の自治規則である手形交換所規則に多くを支えられています。

　先に、約束手形の振出人は、取引銀行と当座勘定契約を締結し、預け入れた当座預金残高の範囲内で銀行に手形の支払を委託していると述べました。支払期日に銀行に手形が呈示されたとき、当座預金残高が手形券面額を下回っていたりすでに当座勘定契約が解約済であれば、銀行は支払うことができませんから、この手形は支払拒絶されます。いわゆる「不渡」といわれる

ものです。このような不渡が6か月間に2回以上あると、銀行は振出人に「銀行取引停止処分」という私的制裁を加えます。この処分を受けた者は、向こう2年間にわたり、銀行との融資取引および当座勘定取引から占め出されてしまいます。これは振出人にとっては営業上の死刑宣告にも等しい事件です。テレビのニュース等で「甲社は2回目の不渡を出し事実上倒産しました」と報道されることがありますが、これは上のような事情のことです。したがって、振出人は、手形の支払を最優先に考え、どんなことをしても支払期日までに当座預金残高を確保しようと努力するわけです。

5. 手形割引

以上概観してきたように、手形制度は、手形の流通の保護とその支払の確実性を確保するべく構築されています。

しかし、このような手形が商人間を転々と流通するか、換言すれば、譲渡のために裏書が重ねられるか、といえば、現実は必ずしもそうではありません。

Bが振り出した約束手形を受け取ったAは、通常の場合、当該手形を(先に説明したように、健全な手形は商取引を原因関係として商人間信用を創造する商業手形です)直ちに取引銀行(C銀行)に割り引いてもらい、これを現金化しています。このようなAC間の取引を「手形割引」といいます。

手形割引とは、満期未到来の手形を、手形券面額から満期までの利息その他の費用(割引料)を差し引いた金額と引換に、相手方に交付する取引であると一般的に説明することができます。たとえば、1,000万円の手形を受取人AがC銀行に交付し、これと引換に50万円の割引料を差し引いた950万円を銀行から受け取るわけです。このとき、AはC銀行に譲渡のための裏書をして手形を交付するのが普通です。手形割引は、銀行法10条1項2号により、銀行の固有業務のひとつとされています。

手形割引の法的性質は、手形の売買であると解されます。手形券面額から割引料を控除した額を対価として、銀行が手形上の権利を買い取るという取引です。

銀行は、割り引いた約束手形について、手形所持人として、満期に振出人から手形金の支払を受けることにより、割引依頼人に与えた割引対価を回収することになります。また、手形の支払が拒絶された場合には、割引依頼人を含む前者に対する遡求権を行使することができます。

　手形割引によって、銀行と割引依頼人との間に遡求権以外の債権債務関係しか生じないとすれば、銀行の債権回収上支障を来すことがあります。それゆえ、銀行は、割引依頼人との約定によって（銀行取引約定書による）、遡求権の行使よりも緩やかな要件に基づいて、割引依頼人または約束手形の振出人につき一定の信用悪化事由が生じたときに、銀行が割引依頼人に対して割引手形の買戻を請求できる旨の特約をしています。これを「買戻請求権」といいます。買戻請求権は手形外の権利ですから、たとえば手形債務が当初から不成立であったり時効消滅した場合であっても、銀行はこの権利を行使できるよう約定されています。

　手形割引取引によって、商人間信用は銀行信用へと転換、集約され、商人の資金調達の大きな柱が生まれているわけです。

第9章 会社という企業形態の選択

1. 会社の種類

　先に述べたように（第5章6-2）、企業社会にあっては、会社という企業形態を選択することが、もっとも合理的かつ合目的的です。

　わが商法は、4種類の会社を認めています。すなわち、商法第2編中に、合名会社・合資会社・株式会社を（商53）、有限会社法において有限会社を認めています。上記以外の会社形態は認められません。これらの会社の区別は、主として各々の会社の社員の責任の態様によってなされます。

　たとえば、Aが自己の総財産5,000万円のうち、1,000万円を甲社に出資してその社員になったとしましょう。甲社の経営が破綻し、甲社の全財産を供出し尽くしたにもかかわらず、甲社の債権者Bに対する債務が残った場合に、社員Aは、出資した1,000万円が戻ってこないという結果を甘受しなければならないのは当然のことです。ここで、社員Aが、さらに甲社のCに対する残債務を、自己が所有する残りの4,000万円の財産でもって返済しなければならないのであれば、そのような社員を「無限責任社員」といいます。これに対し、Aが、1,000万円が戻ってこないという結果を甘受するにとどまり、さらにCに対する甲社の残債務を返済する責任を負わなくて済むのであれば、そのような社員を「有限責任社員」といいます。「無限」あるいは「有限」の別は、社員が出資額を超えて会社債権者に責任を負うか否かというものです。「無限」といっても「無制限」という意味ではありません。

　会社の種類と社員の責任の態様を表にすると以下のようになります。

会社の種類	社　員　の　構　成
合名会社	無限責任社員だけから成る
合資会社	無限責任社員・有限責任社員の双方から成る
株式会社	有限責任社員だけから成る
有限会社	有限責任社員だけから成る

一般的に、無限責任社員は、有限責任社員に比べて、より会社の経営・業務執行に関与せざるをえない立場にあるといえます。会社の命運が、自己の命運をも左右するのですから、会社の経営により深く関与すべき地位が与えられることになります。これに対し、有限責任社員は、会社に対する出資義務を果たした後は、なんら会社債権者に責任を負わなくてよいのですから、社員によっては、必要以上に会社の経営に関心を持たない者も生じるでしょうし、この傾向が顕著になれば、せいぜい会社の根幹に関わる基本的事項、会社の経営を委ねる者の選解任に関わる事項等、きわめて限られた範囲でその意思を反映する機会があれば十分であるというところまで行き着くでしょうし、それ以上に、配当さえあれば、余計な係わりは一切持ちたくないという者すら現れるでしょう。

　さて、株式会社と有限会社とは、共に有限責任社員のみから成る会社であり、社員の責任の態様からだけでは明確に区別できません。沿革上、有限会社は、19世紀末に、ドイツの立法者によって、株式会社の長所を活かし、これを中小規模の会社に適するものにするという理念のもとに、机上で発明されたものであるからです。

　有限責任社員のみから成る会社の会社債権者にとっては、会社財産が自らの債権を回収するための唯一の引当てになりますから、このような会社の財産を一定水準以上確保させることは、会社債権者の保護のため必要であるということになります。それゆえ商法は、「資本」という一定の計算上の数値を会社財産を計る指標として設け、その計算上定められた一定の基準金額に見合うだけの会社財産を会社に確保させることにしました。有限会社にあっては、最低資本金額を300万円以上としました（有9）。

　有限会社を株式会社と比較すると、会社の業務執行機関および監督機関（取締役および監査役）に関する規定が相当に簡略なものになっており、社員総会の手続・決議方法なども含めて、会社の業務執行手続も簡略化されています。その社員の数も原則として50名を超えてはなりません（有8）。社員の地位を処分する場合にも、原則は社員総会の承認が必要です（有19）。

2. 株式会社のイメージ

　世の中には、私たちにきわめて身近な存在でありながら、案外その正体が知られていない生活体が少なからずあります。株式会社もそのひとつでしょう。

　大都市のオフィス街には、わが国を代表する有名企業が並んでいます。これらはすべて株式会社です。繁華街を離れ、路地を歩いて小さな会社に出会うこともあります。これらの会社も少なからず株式会社の看板を掲げています。わが商法は、個人企業に毛の生えたような企業主体にも株式会社という形態を選択することを許しており、企業規模という側面から見れば、「メダカからクジラまで」が株式会社形態を選択しているのが実情です。もちろん、権利帰属主体としての株式会社の根本の部分は、企業規模に関わりなく共通なのですが、多様な各株式会社の実情にあった企業運営を法的側面から支えることも必要です。このような企業社会の現実を規整するために、今日の株式会社法は、複雑で多重的な法構造を有しています。商法第2編第4章 株式会社と並んで、株式会社の監査等に関する商法の特例に関する法律（しばしば商法特例法といわれる）が重要です。

　株式会社自体を定義する規定は商法中に存在しません。さしあたり、商法の諸規定を総合的に判断して導かれるこの会社の概念は、「会社の持分、すなわち社員の地位が、株式と呼ばれる細分化された割合的単位の形式をとっており、株式を保有する社員、すなわち株主が、会社に対して当該株式の引受額を限度とする出資義務を負う会社である」ということができます。「株式」と「株主の有限責任」がこの会社の基本的特質です。

　このような説明では、分からない。おそらく多くの人たちがそう思うでしょう。「会社とは何か」ということを説明するのは至難の業なのです。焦らずに、章を進めることによって理解してもらいましょう。

　手始めに株式会社を作ってみましょうか。

3. 株式会社の設立

❖ 3-1. 設立の方法——発起設立が多い

旧約聖書では、天地創造の初め、神が「光あれ」と言うところから始まっていますが、株式会社設立の初め、商法は「発起人よ、定款を作れ」と言っています。

「発起人」とは、株式会社設立の企画者であり、設立に関する最終の責任を負う者です。員数に制限はなく1人でも足ります。発起人は、設立しようとする会社の根本規則である定款の内容を確定し、これを書面または電磁的記録として具体的な形に作り上げます（商165）。会社の大綱として定款に記載または記録すべき事項（絶対的記載事項）は法定されています（商166Ⅰ）。定款は、公証人役場で公証人による認証を受けることにより効力を生じます（商167）。

株式会社の設立にあっては、発足当初の会社に誰を社員（株主）として迎え、当初の会社財産をどのように形成するか、その違いによって、「発起設立」と「募集設立」という2つの方法があります。

発起設立というのは、発起人が「俺たちだけでやろうぜ」という場合の手続です。すなわち、発足当初の会社の原始社員になるのは発起人であった者に限られ、会社への出資も発起人だけでなすという方法です。一方、募集設立というのは、「別の奴も誘おうぜ」という場合の手続です。すなわち、発起人以外の者に原始社員になるよう呼びかけ、この者からも出資を仰ぐという方法です。

社会資本の蓄積の乏しい時代にあっては、発起設立は、相互に人的関係のある少数の発起人だけで比較的小規模の会社を設立する方法として用意され、募集設立は、発起人以外に人的関係のない多数の応募者（出資者）を募って会社を設立する方法として用意されたのでしょう。確かに、何もないところから会社を立ち上げて事業を行う場合には、そのようなことが言えるでしょうが、社会資本の蓄積の十分な今日にあっては、すでに行われている事業を新たに設立した会社に継続して担わせるというのが通常です（たとえば、数社が共同して合弁会社を設立する、既存の会社が特定の事業部門を子会社として設立する、個人企業を株式会社化する（法人成り）など）。今日では、会社は、1人または少人数の発起人の株式引受によって設立され、その後、事業の成功や拡大に応じて新たな株主を加入させるという形態が多くなっています。したがって、発起設立の方法が圧倒的に多いのが現状です。以下では、発起設立手続に限って概観します。

❖ 3-2. 株式発行事項の決定と発起人による引受

　定款の絶対的記載事項の中に、会社が発行する株式の総数および設立に際して発行する株式の総数があります（商166Ⅰ③⑥）。前者の株式総数は、将来この会社が発行することのできる発行予定株式総数枠のことで、「授権株式数」といわれます。この枠内で、将来、資金調達等の目的で会社が新株発行を行う際、その決定権限が取締役会の裁量に委ねられているのでこう呼ばれます。後者は、設立に際してまず発行される株式総数であり、設立段階で必ず全発行株式につき引受および出資の履行がなされなければなりません。

　ここで引受および出資の履行がなされた金銭または金銭以外の財産によって、発足当初の会社財産が形成されます。株式会社の社員はすべてが有限責任社員ですから、先に述べた有限会社と同様に（本章1）、株式会社にも最低資本金制度があります。すなわち、株式会社の最低資本金額は、1,000万円です（商168ノ4）。

　発起人は、全員の合意により、設立に際して発行する株式の発行価額およびその発行価額中資本に組み入れない額を決定しなければなりません（商168ノ2②③）。このとき、決定した発行価額の2分の1以上は、必ず資本に組み

入れる必要があります。たとえば、設立に際して発行する株式総数が1万株で、その発行価額を1株2,000円としたときは、会社は2,000円×1万株＝2千万円分の財産が入ることになりますが、そのうち少なくとも2分の1以上、すなわち1千万円以上を資本とする必要があるのです。資本に組み入れなかった残りの額は、計算上、資本準備金ということになります（商284ノ2Ⅱ）。つまり、資本という維持すべき基準値の上に緩衝値を設けて、内部留保を厚くしておくことができるのです。

　発起設立にあっては、設立に際して発行される株式総数のすべてが発起人によって引き受けられます。たとえば、発起人が5人おり、設立に際して発行する株式総数を1万株、その発行価額を1株2,000円としたときに、発起人Aが、「私は4,000株を引き受けよう」という旨の意思表示を行い、同様にBが3,000株、Cが1,000株、Dが1,000株、Eが1,000株の引受の意思表示をすれば、1万株すべてについて引受があったことになります。このような、発起人による株式引受は、発起人が会社の設立に参画してその社員となる旨の意思表示であるということになります。この例は、合同行為（第2章3－3）に該当します。この法律行為の法律効果として、「設立中の会社」という権利能力なき社団が成立します。設立中の会社は、これが将来法人格を取得したときに、その人格の同一性を保ったまま、会社として成立することになる社団です。

❖ 3-3. 発起人による出資の履行

　上に示した例で、各発起人が金銭出資によって会社を設立しようとするときは、引受後に遅滞なく払込期日を定めた上で、各自が引き受けた発行価額の全額を、発起人が定めた払込取扱金融機関に払い込むことになります（商170Ⅰ・Ⅱ）。Aは800万円、Bは600万円、C・D・Eは各々200万円を、たとえばS銀行神戸支店に払い込むわけです。これにより、発足することになる新会社の基礎となる財産、2千万円が形成されます。払込取扱銀行で出資の払込をなすのは、金銭出資を確実公正ならしめるための配慮からです。ともかく商法は、会社財産の基礎を確実に形成させ、その財産基盤の弱いものの成立を決して許さないという態度を貫いています。

出資を履行した発起人らは、遅滞なく、取締役および監査役を選任しなければなりません（商170Ⅰ）。この選任は、原則として、発起人の議決権の過半数によって決せられますが（商170Ⅲ・Ⅳ）、その議決は、原則として一株一議決権主義に基づく資本多数決です。

選任された取締役は、取締役会を開催して、代表取締役を選任します（商261Ⅰ）。これにより、発足後の会社の業務執行機関（代表機関を含む）および監督機関が形成されることになります。

上の例で、たとえば3,000株を引き受けた発起人Bが、金銭でなく、600万円相当の事務所（不動産）の提供によって出資に代えようとする場合、このような形態の出資を現物出資といいます。不動産の財産的評価が公正でなければ、成立後の会社の財産基礎が危うくなります。それゆえ商法は、発起人の現物出資は、その要領をあらかじめ定款に記載させるとともに（商168Ⅰ⑤）、選任された取締役は、その選任後遅滞なく、その事項を調査させるため検査役の選任を裁判所に請求しなければならないものとしています（商173Ⅰ——ただし、きわめて少額であったり、評価に信頼に足る客観性があったり、専門家による鑑定証明の取得が容易である等の場合を除く（商173Ⅱ））。検査役による調査で、その事項が不当であったときは、裁判所の関与により、これを修正することになっています（商173Ⅳ～Ⅵ）。

このように、商法は、株式会社の資本が充実するように、肌理細かに配慮をしているのです。それが、第1義的には会社債権者を保護するためのものであることを理解しておいて下さい。

❖ 3-4. 設立の登記

実体が形成された会社は、最後に設立の登記をすることによって、名実ともに成立します（商57）。この時点で会社に法人格が付与され、会社は権利能力を取得します。

株式引受人は株主となり、選任された初代取締役・代表取締役・監査役が、正式に会社機関を構成することになります。

設立に限らず、あらゆる会社関連の登記は、商業登記所で行われます。商業登記とは、商法の規定に基づき、商業登記簿にする登記の総称です（商9

〜 15)。商業登記制度は、商人の営業上の事項を公示して、営業活動の円滑と安全を図る制度です。その手続の細目は、商業登記法に定められています。商業登記所は、法務省の地方組織のひとつである法務局がこれにあたります。

株式会社について必ず登記しなければならない事項(絶対的登記事項)は、商法188条2項に列挙されていますが、その事項は公示という観点から決定されています。

誰もが所定の手数料を支払えば、登記簿を閲覧でき、謄本(原本の全内容を転写したもの)または抄本(原本の一部の内容を転写したもの)の交付を請求することができます。したがって、ある会社と新規取引を開始しようと欲する者や融資に応じるか否かを決定しようとする者、投資先として検討する者等が、当該会社の大綱を知る際に、商業登記は有力な情報源になります。

コンピュータ社会の進展にともない、商業登記は今後より身近なものとなるでしょう。

第10章 株式の意義と株主の権利

1. 社員権とは何か

　会社の社員は、入社後、社員たる資格で会社とさまざまな法律関係を持つことになります。社員が、その資格に基づき、会社との間で有する法律関係の総体を「社員権」といいます。社員権と表現しても義務概念をも包含しますから、社員権は、会社における社員たる「地位」あるいは社員としての「持分」と捉えることも可能です。

　会社は多面的な捉え方が可能です。まず会社は、権利能力の担い手として、権利の主体としての顔を持ちます。一方で、会社を、営業目的によって統合組織化された有機的一体としての機能的財産をひとつの会計的単位として管理する技術的な優れた工夫であると捉えれば、会社は、ある意味で、権利の客体としての顔を持ちます。社員権を、会社に対する社員の持分と観念できるのは、会社に、このような意味での社員にとっての権利の客体としての顔があるからです。

2. 株式とは何か

　株式会社にあっては、その構成員たる社員を「株主」といい、株主が会社に対して有する法律関係の総体、地位または持分を指して「株式」といいます。すなわち、株式とは、株式会社という社団法人の社員の地位であるということになります。

　株式には、このような社員の地位または持分を数量的に捉える場合の指標としての意味があります。つまり、株式というものは、細分化された均等な割合的単位の形をとっており、各株主は複数の株式を所有することができます。株式が細分化された均等な割合的単位として存在することを「持分均一

主義」といい、株主が複数の株式を所有できることを「持分複数主義」といいます。均等な単位の株式を複数所有できることから、各株主は、その所有する株式数に比例して、会社に対する持分または地位、すなわち社員権を有することになります。株主Aは、その持株数を通じて、他の株主との持分の大きさを数量的に比較できるのです。

このような株式には、当然に財産的価値があります。その価値は、その時々の会社財産の状態を反映するとともに、会社の収益力、将来性、投資環境等によって定まることになりますから、株式の価額＝株価は常に変動します。その時々の株価は、会社に出資した株主の資本的貢献度を計る指標としての役割を果たしています。出資財産を運用した結果がその時々の株価に反映されているからです。したがって、たとえば、甲社株式を1株有しているAが、その株価が50万円であるときに、新たにBを甲社の1株の株主として迎える場合は、Aは、Bに対し、自己と同一の資本的貢献を要求したいと考えるのは自然なことです。原則として、Bが50万円という対価を出捐して1株の株主になるのでなければ、Aは納得しがたいでしょう。ただ、Bの入社が中長期的に甲社にプラスに作用し、ひいてはAの保有する株式の株価の上昇が見込まれるといった何らかの思惑があれば、Aは、多少有利な条件でBを株主に迎えることに賛成するかもしれません。会社が新たな株式を発行して新たに株主を迎えるような場合には、このような内外の諸要因を勘案して発行価額が決定されるわけです（この点については、第12章2-2で再度説明します）。また、Bが既存の株主Aから株式を譲り受けて株主となる場合には、Bは、その時点におけるAの地位・持分を引き継ぐわけですから、原則として、その時点におけるAの資本的貢献の結果たる金額を対価として、Aから株式を承継取得することになるのです。すなわち、その株式に市場性があれば、市場で形成される価額を対価として株式を譲り受けることになります。

株式という単位の大きさをどのように設定するかは、会社の自由な判断に委ねられています。その単位の大きさは、その時々の株価という形で金銭を尺度に観念されます。会社発足時の単位の大きさは、発起人が決定した発行価額によって決まります。その後の会社の営業活動の結果で、株価は変動します。会社の営業活動が順調に推移し、株価が相当に上昇したときは、投資

家の投資環境を改善すべく、実質的な経済価値に応じて単位の大きさを修正する必要が生じることがあります。このときは、たとえば従来の1株を2株に分割すればいいでしょう（商218以下、株式分割）。逆に、株価が相当に下落したときは、株式管理のコストに見合うよう、たとえば従来の2株を1株に併合することもありえるでしょう（商214以下、株式併合）。

3. 株主の権利

どのような形にせよ、株式を取得して株主になった者は、株主としての資格において会社に対する権利（株主的権利）を享受することになります。この株主的権利には、いくつかの基準による分類方法があります。

❖ 3−1. 自益権と共益権

株主の権利は、その目的によって「自益権」と「共益権」とに大別されます。

自益権は、株主が会社から経済的利益を受けることを目的とするものです。その代表的なものとして利益配当請求権（商290、293）があります。

共益権は、株主が会社の管理運営に参加することを目的とするものです。その代表的なものとして株主総会における議決権（商241）があります。

自益権は、株主が企業の共同所有者たる地位に基づいて有する収益機能から導かれる権利であり、共益権は、株主が企業の共同所有者たる地位に基づいて有する支配機能から導かれる権利です。両者ともに根本的には株主自身

の利益のための権利です。

❖ 3-2. 単独株主権と少数株主権

株主の権利は、その権利行使の要件によって「単独株主権」と「少数株主権」とに分類できます。

単独株主権は、各株主が独自に行使できる権利です。自益権はすべて単独株主権に属します。一部の共益権もそうです。

少数株主権は、一定の議決権数または総株主の議決権の一定割合を有する株主のみが行使できるものです。共益権は、権利行使の効果が、他の株主ひいては会社全体に及ぶことからくる制約上、少なからぬものが少数株主権とされています。少数株主権も、権利によってその行使要件が異なります。たとえば株主総会招集権の行使には、総株主の議決権の100分の3以上の保有を要求されますし（商237Ⅰ参照）、株主提案権の行使には、総株主の議決権の100分の1以上または300個以上の議決権の保有が要求されます（商232ノ2Ⅰ）。

4. 種類株式制度

❖ 4-1. 株主平等の原則

株式会社は、株主間の人的関係が総じて希薄であり（そうでない株式会社も少なからず存在しますが）、単に資本的に結合しているにすぎないため、各株主は、その有する株式数に応じて平等な扱いを受けることになります。これを「株主平等の原則」といいます。この原則自体を明定する規定はありませんが、利益配当請求権（商293）や議決権（商241Ⅰ）などに具体的に規定されています。商法293条本文は「利益または利息の配当は各株主の有する株式の数に応じて之を為す」と規定し、同241条1項本文は「各株主は一株に付一個の議決権を有す」と規定しています。

上の規定から分るように、株主平等の原則は、株式の平等を意味するものであり、基本単位としての各株式の内容が原則として同一であることを意味しているのです。法が別段の取扱いを定めた場合を除き、この原則に反する

定款の定め、株主総会決議・取締役会決議・取締役の業務執行等は無効となります。

❖ 4-2. 数種の株式

株主平等の原則によって、各株式において同一の取扱いがなされるべきことになりますが、商法は、この原則を修正して、一定の範囲で権利内容の異なる株式の発行を認めています。「数種の株式」あるいは「種類株式」といわれるものがこれです。このような種類の異なる株式を発行できることは、会社にとっては、その資金調達の便宜に資する法政策になっており、株主にとっては、多様な投資目的に対応できる法政策になっています。どのような点で内容の異なる株式を発行できるかについては、商法222条1項が定めています。同条同項に認められた範囲で、会社は、発行する株式の内容と各発行予定株式数（授権株式数）を定款で定めることができます（商222Ⅱ）。逆に、その大綱はあらかじめ定款に定めておかなければならず（商222Ⅱ）、これは登記事項でもあります（商188Ⅱ⑤）。自分より有利な待遇を受ける株主の出現の可能性を既存株主に周知させるためです。

たとえば、会社は「利益の配当等に関し内容の異なる株式」を発行できます（商222Ⅰ①）。従来から認められるこの類型に属するものとして、優先株式・劣後株式と呼ばれる株式があります。前者は、他の株式に対し、利益配当において優先的扱いを受けるものであり、後者は、劣後的扱いを受けるものです。標準となる株式を普通株式といいます。このような株式が発行できるメリットを例示してみましょう。

業績不振の甲社があるとします。甲社は、すでに普通株式（a種株）を1万株発行していますが、必ずしも高額な配当をなすことに成功していません。この状態では、新たにa種株を追加発行して新たな株主を募ったとしても、投資家に魅力はありません。このようなときに、優先株式を発行すれば、新株には投資商品としての魅力が付加されます。

そこでたとえば、新たに1万株の優先株式（b種株式）を発行したとします。その内容は「配当可能利益から1株当り500円を限度としてまずb種に対して優先的に配当を行い、残額をa種株に配当する」というものです。その

後の決算期に、700万円の配当可能利益が確定し、これを全額配当に回すと決定されたとき、ａ種株式・ｂ種株式の各々の１株当りの配当額は、前者が200円（200万円÷１万株）、後者が500円（500万円÷１万株）になります。この場合は、優先株式を保有するほうが得になります。

ところが、その後甲社の業績が著しく回復し、決算期に、1,100万円の配当可能利益が確定し、これを全額配当に回すと決定されたときは、ａ種株式・ｂ種株式の各々の１株当りの配当額は、前者が600円（600万円÷１万株）、後者が500円（500万円÷１万株）になります。ｂ種株式は、優先株式とはいえ、定められた額による配当に限られる設計になっているからです。このような株式を「非参加的優先株式」といいます（これに対し、その事業年度に定められた額または率による優先配当を受けたあと、さらに普通株式と同列に配当に参加できるよう設計されたものを「参加的優先株式」といいます）。上の例のように、非参加的優先株式であれば、これに劣後する株式の方が多くの配当を受ける可能性があるわけです。

会社が数種の株式を発行できる場合には、定款をもって、株主が自己の有する株式を他の種類の株式に転換することを請求できる旨を定めることができます（商222ノ２Ⅰ）。このような請求権（転換請求権）が付された株式を「転換予約権付株式」といいます。この株式は、条文の構成上、種類株式を定めた商法222条１項とは別立の定めになっていますから、種類株式には含めません（複雑ですが注意して下さい）。そこで、上のｂ種株式に普通株式であるａ種株式への転換請求権を付与しておけば、ｂ種株主は、甲社の低迷期には優先株主として安定的に配当を受け、業績の回復によって普通株式の方が高配当を受けられるようになればａ種株式への転換請求権を行使できるという選択肢を与えられることになるわけです。

また、会社は、定款の規定によって議決権を行使できる事項について制限が付された株式を発行することもできます（商222Ⅰ⑤）。このような株式を「議決権制限株式」といいます。議決権がまったく無い

株式だけでなく、一部の決議事項について議決権の無い株式もありえます。議決権行使に関心のない株主は、相対的に低い対価で株式を取得できるので（社員権に制限のある内容の株式は、制限のない内容の株式よりも相対的に金銭を尺度として比較すれば安くなる）、投資利回りが高くなりますし、会社も、株主管理コストを軽減し、株主総会の定足数の充足が容易になります（このような株式は原則として定足数の算定基数から除かれる）。もっとも、議決権制限株式の発行限度は、発行済株式総数の2分の1までとされています（商222 V）。

このように商法は、種類株式を認めることにより、株式の設計について会社に裁量の余地を与え、会社の資金調達と投資者の需要の多様性への対応を図っているのです。

5. 株主総会における議決権の行使

❖ 5-1. 株主総会の意義と権限

株主総会は、社団法人の社員総会に相当する機関です。さしあたり、議決権を有する株主によって構成される株式会社の意思決定機関であるとイメージして下さい。株主総会は株式会社の必要的機関（欠くべからざる機関）です。

株主総会は会議体ですから、各株主はそこで議決権を行使することになります。株主には、原則として1株につき1議決権が与えられます（一株一議決権の原則、商241 I本文）。ただし定款で、たとえば1,000株を1単元の株式と定めた場合には、1単元すなわち1,000株につき1議決権が与えられます（単元株制度、商241 I但書）。

株主総会は、会社の実質的所有者によって構成されていますから、これを会社の「最高」機関と位置づけることは誤りではありません。しかし、最高機関であるからといって、株主総会に広範な権限を付与し、その決議事項を広く認めるという法政策を採用することは必ずしも適当ではないでしょう。迅速を要する経営判断を株主総会に委ねれば商機を逸するでしょう。社会経済が複雑化すれば、会社経営にも高度の専門的知識、識見才能が要求されますから、業務執行の決定にかかる役割を株主総会に担わせることも困難です。また、総会開催に要するコストも無視できません。

そこで商法は、株主総会は商法または定款に定める事項に限って決議をすることができると定めました（商230ノ10）。定款によって決議事項を株主総会に委譲できますから、小規模株式会社等では実情にあった小回りの効く会社の運営が可能になります。

株式会社の基本構造は、経営は専門家に委ね、その選解任権を株主総会が留保するという形になっています。すなわち、経営とその監督に携わる取締役は、株主総会で選任されます（商254Ⅰ）。これを他の機関の決定や第三者に委ねたり、その同意を条件とすることも許されません。

❖ 5-2. 総会における議決権の行使

株主総会の決議事項には、大きく普通決議事項と特別決議事項とがあり、その他特殊な決議事項があります。各々決議要件が異なります。

普通決議は、原則として、総株主の議決権の過半数を有する株主が出席し（定足数）、その議決権の過半数をもってなす決議です（商239Ⅰ）。ただし、商法は定款によって別段の決議要件を定めることを許しており（商239Ⅰ）、これを厳しくする方向でも緩くする方向でも別段の定めをなすことが可能ですが、多くの会社は定足数排除の定めをなしているようです。しかし、普通決議である取締役・監査役の選任決議に限っては、定足数を総株主の議決権の3分の1未満に下げることはできないとしています（商256ノ2）。

特別決議は、原則として、総株主の議決権の過半数を有する株主が出席し（定足数）、その議決権の3分の2以上に当る多数をもってなす決議です（商343Ⅰ）。ただし、商法は、定足数の原則を定款によって変更することを妨げないものとしています（商343Ⅰ）。しかし、特別決議にあっては、定款の定めをもってしても、その定足数を総株主の議決権の3分の1未満に下げることはできないとして（商343Ⅱ）、その下限を設けています。特別決議は、会社の根本規則たる定款の変更（商342Ⅰ）、取締役・監査役の解任（商257Ⅱ、280Ⅰ）など重要な事項につき必要とされています。

株主総会には定時総会と臨時総会とがあります。前者は、毎年1回一定の時期に招集されなければならず、年2回以上利益配当をなす会社では毎決算期ごとに招集されなければなりません（商234）。後者は、必要がある場合に

随時招集されるものです（商235）。定時総会は、本来、計算書類の報告・承認と利益処分を主要な会議の目的として（会社の決算の内容の報告や承認、配当や損益の処分を決定するため）開催されるものですが（商283Ⅰ参照）、その機会に、他の事項を決議することもできます。

　株式は、日々取引の対象となっており、したがって株主構成もまた日々刻々と変化しています。そこで、ある株主総会の当日にどの時点の株主に議決権を行使させるべきかという問題が生じます。商法は、会社に多数の株主の管理を合理的になさしめるべく、株主名簿の制度を設けています。すなわち会社は、株主名簿に株主として記載または記録されている者を株主として遇すれば足ります（商224Ⅰ）。したがって、株式を取得した者は、総会で議決権の行使を欲するならば、総会前にともかくも株主名簿に自己を株主として記載または記録するよう会社に請求しなければなりません。これを「名義書換請求」といいます。しかし、常に名義書換が行われるので、ある総会で議決権を行使させるべき者を会社が確定することがきわめて困難になるでしょう。それゆえ商法は、基準日という制度によって、この問題に技術的に対応しています（商224ノ3）。

　基準日というのは、ある特定の日における名簿上の株主を総会で議決権を有する株主とみなすというものです（商224ノ3Ⅰ）。この制度の下では、総会前の3か月内の日を基準日に定めなければなりません（商224ノ3Ⅱ）。定款をもって基準日を指定していない会社は、その日の2週間前にこれを公告しなければなりません（商224の3Ⅲ）。

　「議決権の行使」とは、第1義的には、議場において株主が議案に対して賛否を表明することを指します。株主は、代理人にその議決権を行使させることもできます（商239Ⅱ本文──議決権の代理行使）。この場合、代理人は、会社に対し代理権を証する書面（委任状）を会社に提出しなければなりません（商239Ⅱ但書）。書面の提出に代えて、電磁的方法による情報提供を選択する途も開かれています（商239Ⅲ）。ただ、実際には、株主の側で自ら代理人を選任してこの者を総会に出席させ、議決権を行使させるという利用方法はまず皆無です。会社が総会招集通知とともに、議決権行使に関する委任状用紙を株主に送付し、総会に出席しない場合には、これに署名（記名捺印）のうえ会

社に返送するよう勧誘する方法で、この制度が利用されているのが現状です（委任状の勧誘）。

次に、株主またはその代理人が、現実に総会会場に足を運ぶことなく、議決権を行使できる途が開かれています。これが、書面による議決権行使（書面投票）の制度です。この制度の採否は、取締役会決議という形で、会社の選択に委ねられています（商239ノ2 I 前段）。これに加えて、電磁的方法による議決権行使の制度も認められています。同じく制度の採否は、取締役会決議という形で、会社の選択に委ねられています（商239ノ3 I 前段）。これにより、株主は自宅からパソコン等で議決権を行使することもできるのです。

❖ 5-3. 株主総会と総会屋

大学教授の中では、教授会の審議時間は短い方が望ましいとする者とそうでない者と評価が二分されるようですが、わが国の会社では、伝統的に株主総会はなるべく短時間で終了させようという風潮がありました。あまりに株主総会が長引くと、当該会社は経営上問題があるのではないかとの印象を対外的に与えることになるため、いわゆるロングラン総会が嫌われるのです。

このような風潮に付け込む特殊な株主がいます。これが「総会屋」と呼ばれる株主です。総会屋は、会社の経営陣にとって、与党的に作用することもあれば、野党的に作用することもあります。与党的に作用するとき、総会屋は、総会において威圧的に一般株主の発言を封じ込めて議事進行に協力します。野党的に作用するとき、総会屋は、総会において威圧的に会社の議事を妨害し、これを混乱させようとします。与党的行動をとることの見返りに会社に金品その他の利益を要求し、逆に、野党的行動をとることを示唆して、会社から金品その他の利益を引き出すことがその目的です。総会屋として名が知れ渡ると、ある会社の株主となるというだけで金品等を受け取ることもできるという弊風すら生じました。

それゆえ、商法は、会社は何人に対しても株主の権利行使に関して財産上の利益を供与してはならないものとしました（商295 I）。「株主の権利行使に関して」とは、「株主の権利行使にあらゆる影響を与える趣旨で」という意味です。権利の行使・不行使、行使方法などに関するものが広く含まれます。

総会に出席しないことを条件とする利益供与、議案を支持することを条件とする利益供与など、広く規整が及びます。

さらに、会社による特定の株主への利益供与が株主の権利行使に関してなされたか否かが問題となるとき、その立証が容易でないことにかんがみて、商法は、会社が特定の株主に対し無償で（対価を得ることなく）財産上の利益を供与した場合、または有償であっても（対価を得る取引であっても）、会社側の利益が供与した利益に比べて著しく少ない場合には、株主の権利行使に関して利益供与がなされたものと推定することにしました（商295前段）。総会屋が発行する購読価値のない雑誌を高額で会社が定期講読する場合などがこれです。

このような規定に違反して利益を供与した取締役等は、供与した利益の額につき会社に対して損害賠償義務があります（商266Ⅰ②、商特21の20Ⅰ前段）。また、違法な利益供与をした取締役等には、刑事罰が課せられます（商497）。

総会屋の暗躍という病理的現象は、最近のニュース報道等から見て分るように、まだまだ根絶されるに至ってはいません。

第11章
株式会社の業務執行とその監督

1. 会社の身の丈に合った経営体制を支える

　会社は、目的として掲げた行為を通じて営利を追求するために、大局的な見地から合理的な戦略を策定し、それに従って具体的な数量目的を設定のうえ、目標を達成するために細かな行動計画を立案し、そのような行動計画に合わせて、調達資本を配分・管理しながら、全体として整合性を保った営業活動を遂行しています。これら一連の行為がすなわち「業務執行」と呼ばれる行為です。業務執行とは、上記に関わる意思の決定および実際的な執行行為（法律行為、事実行為の双方を含む）とから成っています。会社には、このような業務執行体制を支える機関が必要とされます。

　会社の業務執行は決して遣りっ放しということはありません。会社の業務執行が適正になされず、違法行為が看過されるようなことがあれば、社員、会社債権者のみならず、市場経済社会全体に悪影響を及ぼします。それゆえ、事前のチェック、事後的チェックを含む、業務執行の検証体制、すなわち監査または監督体制が整備されなければなりません。このような監督体制を支える機関も必要とされます。

　すでに概観したように（第3章3参照）、民法上の法人に関しては、その執行機関や監督機関のあり様につき、民法は、相当に柔軟な姿勢を貫き、大勢を法人の自治に委ねています。すなわち、機関を構成する者の資格、員数、任期等について、強行的な規定を設けていないばかりではなく、理事を監督する監事を置くか否かすら法人の任意に委ねています。これはおそらく、民法上の法人が多様に存在するであろうことにかんがみ、各法人の実情に合った機関を各法人が自由に設置して、合理的に運営させる方が望ましいとの配慮があったからであると思われます。

　これに対して商法は、株式会社の業務執行機関および監督機関のあり様に

ついて、相当に厳格な強行規定を用意して規整しています。ただ、すべての会社を同列に規整するのではなく、主として会社規模を基準に、身の丈に合った経営体制を支える機関規整を用意しています。

2. 大会社・中会社・小会社

「大会社」および「小会社」という概念は、「株式会社の監査等に関する商法の特例に関する法律」の規定を基準に導かれます（商法特例法）。

特例法1条の2第1項および第2項の定義によれば、大会社とは「資本の額が5億円以上または負債総額が200億円以上の株式会社」を指し、小会社とは「資本の額が1億円以下で負債総額が200億円未満の株式会社」を指します。さらに、資本の額が1億円を超える株式会社であって、上述の大会社に該当しない会社であっても、定款をもって、特例法第2章第2節の監査等に関する特例（商特2～19、一部適用除外あり）の規定の適用を受けることを定めた会社を「みなし大会社」といいます（商特1の2Ⅲ②、2Ⅱ）。

以上いずれにも該当せず、特例法によらない商法の一般規定の適用を受ける会社を、講学上「中会社」と呼ぶことがあります。

大会社・中会社・小会社の区別は、主として会社の監査制度のあり様に区々の規整を与えることを目的になされます。さらに、大会社（みなし大会社を含む）にあっては、定款をもって「委員会等設置会社」という制度を採用することが可能です。

以下では、しばらく委員会等設置会社を除く株式会社についての記述を続けます。

3. 取締役および取締役会

❖ 3-1. 取締役の選解任など

株主が会社の経営を委ねるべく、繰り返し述べるように、取締役は株主総会で選任されます。（商254Ⅰ）。その員数は、少なくとも3人以上でなければなりません（商255）。それぞれの会社は定款でその員数を定めています。

取締役であるためには、その会社の株主である必要がないばかりではなく、定款をもってしても、取締役資格を株主に限ることはできません（商254Ⅱ）。取締役の任期は、原則として就任から2年を超えることはできません（商256Ⅰ）。

　株主総会において選出された取締役は、正当な理由があると否とを問わず、何時でも株主総会の決議をもって解任することができます（商257Ⅰ本文）。株主総会が解任権を留保して、取締役を監督しているわけです。ただ、取締役の地位が過度に不安定であれば、経営の安定が損なわれますから、解任決議は特別決議によるものとされています（商257Ⅱ）。取締役の選解任は登記事項です。（商188Ⅱ⑦参照）。

❖ 3-2. 取締役会の意義と権限

　取締役の全員によって構成され、会社の業務執行に関する意思を決定するとともに、各取締役の職務の執行を監督する必要的機関が取締役会です（商260Ⅰ）。株主総会と異なり、常設機関です。

　取締役会は、法令または定款によって株主総会の決議事項とされた事項（商230ノ10参照）を除き、会社の業務執行に関するあらゆる事項を決定する権限を有しています。しかも、取締役会において決定すべきものと法定されている事項は、必ず取締役会で決定しなければならず、定款の定めをもってしても、取締役会より下位の機関（代表取締役等）に委ねることは許されません。

　取締役会は、各取締役の職務執行を監督する機関でもあります。代表取締役や業務執行取締役のする業務執行を監督します。業務執行取締役とは、代表取締役以外の取締役であって、取締役会の決議によって会社の業務を執行する取締役に指名され、その指名を受託した者をいいます（商260Ⅲ②）。業務執行取締役は、代表取締役とともに会社の業務執行（主に対内的業務執行、対外的代理権を有する場合もありうる）をなす権限を有します（商260Ⅲ柱書）。取締役会の監督機関としての機能を語るうえで、社外取締役の存在は重要です。社外取締役の商法上の定義はその188条2項7号ノ2にありますが、さしあたり初学者は、この者を、業務執行に従事することなく意思決定への参加と

監督に専念することに特化した取締役であると捉えておけばいいでしょう。会社は、このような社外取締役を置くこともできます。社外取締役を置いたときは、その旨を登記しなければなりません（商188Ⅱ⑦ノ②）。取締役会の監督権限は、各取締役の職務の執行の適法性だけでなく、妥当性についても及びます。

取締役会は、実体のある会議を開催し、決議に至らなければなりません。その議事は、各取締役の経営者としての資質に左右されるべきものであり、必ず本人が出席する必要があります。その決議は、原則として、取締役の過半数が出席し、出席取締役の過半数の賛成で成立します（商260ノ2Ⅰ本文）。定款の定めにより、この要件を加重することはできます（商260ノ2Ⅰ但書）。

4. 代表取締役

❖ 4-1. 代表取締役の選解任など

代表取締役は、会社の業務執行自体を司り、会社を代表する必要かつ常設の機関です（商261Ⅰ）。代表取締役がその資格でなした行為の効果は当然会社に帰属します（商261Ⅲ→78）。

代表取締役は1名以上必要です。定款に定めがない限り、取締役会で定員を定めることが可能です。代表取締役は、取締役会の決議により、取締役の中から選任されます（商261Ⅰ）。会社は、正当な理由があると否とを問わず、取締役会の決議をもって何時でも代表取締役を解任することができます。取締役会は代表取締役の職務執行の監督権限を有していますから（商260Ⅰ）、当然のことです。代表取締役の選解任は登記事項です（商188Ⅱ⑧）。

❖ 4-2. 代表取締役の権限

会社の業務執行には、対外的な側面と対内的な側面とがあり、対外的行為の効果が会社に帰属するという側面を捉えて「代表」と称しますが、代表取締役は、当然に対内的な業務執行権限をも兼ね備えています（商260Ⅲ①）。代表取締役はまた、取締役会から相当に広範な業務執行に関する意思決定権限を委任されているのが通常です。ことに、日常の業務（常務）の決定は代表

取締役に委ねられているのが普通です。

代表取締役は、会社の営業に関する一切の裁判上または裁判外の行為をなす権限があります（商261Ⅲ→78Ⅰ）。営業に関する一切の行為とは、会社の権利能力の範囲内の一切の行為という意味です。代表取締役には、会社のために法律行為・事実行為をなす包括的な代表権限が認められているのです。

複数の代表取締役がいる場合には、各代表取締役は独立して会社を代表するのが原則です（単独代表）。しかし、代表権の濫用や誤用を防止すべく、会社は取締役会の決議で数人の取締役が共同して会社を代表すべきことを定めることができます（共同代表取締役、商261Ⅱ）。共同代表の定めは登記事項です（商188Ⅱ⑨）。この定めがあるとき、会社代表行為としての相手方への意思表示は、代表取締役の全員が共同してなす必要がありますが、相手方の意思表示は、共同代表取締役の1人に対してなせば足ります（商261Ⅲ→39Ⅱ）。共同代表の定めがなされても、相互に特定の事項につき、その意思表示を一方に委任したり、個々に決定権限を委ねることは可能ですが、制度の趣旨から、一方が他方に代表権限を包括的に委任することは許されません。

❖ 4-3. 代表取締役の専断的行為および権限濫用行為と第三者の保護

この問題については、民法上の法人の理事の専断行為、権限濫用行為の効果について解説した記述（第3章3-4）と対照して考えるのが分り易いと思います。

会社の目的の範囲外の代表取締役の代表行為は当然に無効であり追認の余地はありませんが、会社の目的の範囲を広く柔軟に解する今日的状況の下では、議論の実益はありません。万一、代表取締役の代表行為が会社の目的の範囲外の行為であるがゆえに無効であるとされた場合には、民法学説の趨勢に従い、当該代表取締役は、民法117条所定の責任を負うと解されます。

定款または取締役会規則などで、代表取締役の代表権が内部的に制限されている場合に、その制限に反して代表取締役が専断的に代表行為をなした効果については、立法的手当がなされています。すなわち、商法261条3項、同78条2項によって民法54条が準用され、代表取締役の代表権に加えた制限は善意の第三者に対抗しえないという構成になっています。このような専

断行為の効果は、民法上の法人の理事のそれと同一の規整に委ねられます。

　法令による代表取締役の代表権の制限がある場合の専断行為はどうでしょう。たとえば、商法 260 条 2 項 1 号または 2 号所定の行為につき、取締役会で決することなく、代表取締役が独断で代表行為をなしたような場合です。民法上の法人の理事が法令による代表権制限に違反してなした行為の効果については、先に述べたように（第 3 章3-4）民法 110 条類推適用による相手方の保護がなされています。しかし、代表取締役が法令による代表権制限に違反してなした行為を、一律に民法 110 条類推適用によって処理するのは問題があります。株式会社の代表取締役の代表行為は、民法上の法人の理事のそれにない特徴があります。まず、代表取締役の代表行為は、その多くが（取引上の法律行為は事実上すべてが）商行為であり、大量に反復して行われますから、取引の安全に対する要請が民法上の法人に比して格段に強くなります。会社は大量の手形行為を行いますが、多くの者の間で流通することが予想される手形取引もまた、取引の安全が求められます。さらに、株式会社には、株式会社法特有のきわめて取引の安全が求められる行為があります。典型的には、新株や社債の発行行為がこれです。このような行為は、そもそも民法が予想するものではありません。したがって、代表取締役が法令による代表権制限に違反してなした専断的行為の効果は、区々に検討しなければならないことになるわけです。

　たとえば、上に述べた商法 260 条 2 項の制限に反してなした代表取締役の専断的行為の効果については、民法 110 条類推適用によらず、相対的無効の考え方により処理しようというのが商法学者の趨勢です（相対的無効説）。すなわち、商法 260 条 2 項の制限に反して代表取締役が独断でなした会社にとって重要な財産の譲受もしくは処分または多額の借財の効果は無効であるが、会社が第三者に対して無効を主張するには、取締役会の議を経ていないことにつき第三者が悪意（重過失を含む）であったことを立証しなければならないと解されています。このような取引では、「重要」あるいは「多額」といった規整対象となる行為の外輪があいまいですから、民法 110 条を類推適用するよりも、広く取引の安全をカバーする相対的無効説の方が政策的に妥当であるとして、広い支持を集めています。

代表取締役の権限濫用行為については、先に述べたように（第3章3-4）、商法学者の間では、民法93条類推適用によらず、一般悪意の抗弁による処理が広く支持されています。

❖ 4-4. 表見代表取締役

　代表取締役でない取締役が、社長、副社長、専務取締役、常務取締役等、あたかも会社の代表権限を有するような肩書を付されて取引を行う場合があります（平取締役がそのような名称を僭称しているのを会社が看過黙認する場合を含む）。このような場合には、会社は、その者が代表権を有しない場合でも、善意の第三者に対して責任を負わなければなりません（商262）。取引の安全を確保するため会社が付した肩書（名称）に対する外観を信頼した者を保護しているわけです。これを「表見代表取締役」といいます。外観法理の現われです。

5. 取締役の責任

❖ 5-1. 善管注意義務と忠実義務

　会社と取締役との関係は委任に関する規定に従います（商254Ⅲ）。取締役は会社に対して受任者の地位にあります。したがって、取締役は、会社に対し、善良なる管理者としての注意義務を負います（取締役の善管注意義務、民644）。加えて商法は、取締役が会社のために忠実に職務を執行する義務を負う旨を規定しています（取締役の忠実義務、商254ノ3）。取締役の忠実義務は、善管注意義務に含まれるところの、会社の利益を犠牲にして自己または第三者の利益を図ってはならないという義務を特に注意的に規定したものと解してよいでしょう。

　取締役がこれらの義務に違反して会社に損害を与えたときは、法令違反として損害賠償をしなければなりません（商266Ⅰ⑤）。しかし、今日のような複雑な経済環境の下で、その時々の内外の諸要因を分析しながら会社にとって最善の舵取りを行っていくのは容易ではありません。経営の舵取り、すなわ

ち取締役の経営上の判断につき、その適否については、時々の状況に照らし、合理的な情報収集・調査・検討がなされ、取締役の地位にある者に通常期待される能力水準に従って、事実認識や意思決定過程に不注意がなければ、善管注意義務は尽くされたとみるべきです。初学者は、経営上の判断に関しては、取締役の善管注意義務は緩和される傾向にあるとイメージしてもかまわないと思います。

これに対し、いわゆる狭義の忠実義務の系譜に属する義務違反については、ある程度厳格な評価を加えても不都合はないといえます。

❖ 5-2. 取締役の競業避止義務

取締役が、自己または第三者のために会社の営業の部類に属する取引をなすには、取締役会においてその取引につき重要な事実を開示して、その承認を受けなければなりません（商264 Ⅰ）。これを「取締役の競業避止義務」といいます。取締役は、会社の営業の機密に精通していますから、競業取引を野放しにすれば、容易に会社の利益を犠牲に自己または第三者（たとえば、取締役の家族、自己が代表取締役を務める他の会社など）の利益を図ることができるので、これを防止する意図に出た規整です。忠実義務の系譜に属する義務です。

取締役がこの規整に違反して無断で競業取引を行った場合には、会社は、競業取引によって当該取締役または第三者が得た利益の額を会社が被った損害額と推定の上、当該取締役に損害賠償請求ができます（商266 Ⅰ ⑤・Ⅳ本文）。しかし、損害賠償請求だけでは、たとえば当該取締役に会社が奪われた取引先を会社に維持させるなどの観点から不十分であることにかんがみ、取締役が競業避止義務に違反して自己のために取引したときは、取引から1年以内であれば、取締役会は当該取引を会社のためになしたものとみなすことができます（商264 Ⅲ・Ⅳ）。これを「介入権」といいます。介入権が行使されると、競業避止義務違反の取締役は、取引の経済的効果を会社に帰属させる義務を負うことになります。

❖ 5-3. 取締役・会社間の利益相反行為

　取締役が、自己または第三者のために、会社と取引を行うときには、取締役会の承認を得なければなりません（商265Ⅰ前段）。たとえば、甲社の取締役Ａが、その地位を利用して、甲社の不動産を廉価に取得するようなことがあれば、会社財産の基礎を危うくすることに直結します。このように、会社の利益を犠牲にして自己の利益を優先することを防止する趣旨の規定ですから、これも忠実義務の系譜に属する規整です。これを「取締役・会社間の取引（取締役の自己取引・直接取引）の規整」といいます。

　上のような会社と取締役との間の直接取引のほか、会社が取締役の債務を保証するような、取締役以外の者との間で会社・取締役の利害が相反する取引をなす場合にも（保証の場合には、会社と取締役の債権者との間で保証契約が結ばれる）、同様に取締役会の承認を要します（商265Ⅰ後段）。これを「間接取引の規整」といいます。

　たとえ取締役会の承認があったとしても、甲社がその取締役Ａに金銭の貸付をなし、Ａが弁済しなかったときは、貸付をした取締役（代表取締役および取締役会で承認した取締役）は、無過失であっても、弁済がなかった額を会社に弁済しなければなりません（商266Ⅰ③）。また、甲社取締役Ａが取締役会の承認を得て利益相反取引をした場合であっても、結果的にそれによって甲社に損害を与えたのであれば、Ａは、当該取引につき無過失であっても、甲社が被った損害を賠償しなければなりません（商266Ⅰ④）。

　商法265条に違反して代表取締役がなした代表行為の効果についても、商法260条違反と同様、相対的無効説による処理が学界の趨勢です。

❖ 5-4. 取締役の会社に対する責任の軽減

　商法266条1項5号の法令定款違反による取締役の損害賠償責任は、時として、天文学的非現実的な額になることもあります。たとえば、国際的に大規模な事業を展開する甲社の海外支店の従業員が、きわめて投機性の強い不正な証券取引を行ったにもかかわらず、これを長期にわたって看過し、防止措置を怠った取締役は、善管注意義務違反を理由に、この者の不正取引にともなう会社の損害を賠償しなければならないでしょうが、このような場合、

何百億という会社の損害を賠償しなければならないという事態も生じるでしょう。

取締役の会社に対する責任を免除するには、原則として、総株主の同意を要します(商266 V)。上のような例の場合、取締役の損害賠償責任をオール・オア・ナッシングで処理するのは必ずしも合理的ではありません。オールといっても、おそらく当該会社の取締役全員が破産して奈落の底に突き落とされる一方、会社に返ってくる塡補額はあまりに少ないでしょう。さりとてナッシング(責任免除)というわけにもいかないでしょう。よりベターな選択は、取締役に弁償できる範囲で応分の出血を強いるという結着なのではないでしょうか。

そこで商法は、株主総会の特別決議または定款授権に基づく取締役会決議によって、商法266条1項5号の法令定款違反による取締役の損害賠償責任に限り、取締役が職務を行うにつき善意かつ無重過失であるときは、一定額に軽減することができるようにしています(商266 Ⅶ以下)。また、会社は、社外取締役との間で、このような損害賠償責任を制限する契約を結ぶことができるようになっています(商266 ⅩⅣ以下)。

❖ 5−5. 取締役の第三者に対する責任

取締役は、受任者として、会社に対して任務懈怠責任を負うべきは当然です。しかし、会社以外の第三者とは直接の契約関係にありませんから、第三者に対しては、本来は一般の不法行為責任(民709)以上の責任を負わないはずです。しかし、商法266条ノ3第1項は、とくに「取締役がその職務を行うにつき悪意または重大なる過失ありたるときはその取締役は第三者に対してもまた連帯して損害賠償の責に任ず」と規定しています。

市場経済社会に占める株式会社の地位はきわめて重要です。会社の業務執行が社会に与える影響はきわめて大きく、それだけに取締役の職務は、本人が自覚している以上に重大です(現在のわが国には、そのような自覚に乏しく、自意識だけが過剰な取締役が増えているようにも思われますが)。ともかく、商法は、上に述べたような点を考慮して、第三者保護の立場から取締役に特別の法定責任を課したのです。すなわち、取締役が悪意または重過失により会社に対

する義務(善管注意義務ないし忠実義務)を懈怠し、第三者に損害を被らせたときは、当該任務懈怠行為と損害との間に相当の因果関係がある限り、取締役はこの者に損害賠償責任を負わなければなりません。取締役が支払の見込のない手形で商品を仕入れたような場合に相手方が直接被った損害(直接損害という)だけでなく、取締役の放漫経営により会社が倒産し(すなわち、会社が損害を被り)、これによって(すなわち、会社が損害を被った結果として)、会社に対する債権を回収しえなくなった者の損害(間接損害という)もカバーされます。第三者には株主も含まれます。

6. 取締役の報酬

商法は、取締役が受けるべき報酬の実質的な内容を、定款または株主総会の決議で定めるべきものとしています(商269 I 柱書)。これを取締役会または代表取締役の手に委ねると、いわゆるお手盛りとなり、株主への情報開示も不十分になるだろうとの配慮から、こう立法されました。実際は、総会決議で決定する会社が多いようです。

取締役の報酬の形態は多様化しています。確定金額を報酬とする場合は、定款に定めがない限り報酬額を総会の決議によって定めることになりますが(商269 I ①)、全員に対する総額を決定し、各取締役への配分を取締役会に委ねるというのが通常です。不確定金額を報酬とする場合(いわゆる業績連動型)は、具体的な算定方法を定款に記載するか、株主総会で決定します(商269 I ②)。非金銭型報酬(社宅や専用車の提供など)についても、定款に定めのない限り、具体的内容を株主総会で定めます(商269 I ③)。

退任取締役に支払われる退職慰労金も、報酬の一環として、少なくとも支給基準が相当であることを開示して、株主総会の承認を求めることになるでしょう。

なお、いわゆる賞与については、通常の報酬が経費の支出として扱われるのに対し、取締役の賞与は利益処分の一環として利益金から支給される扱いになっており(委員会等設置会社を除く)、利益処分は株主総会で別途決議しますから、商法269条の対象外です。

7. 株主の代表訴訟

　取締役の会社に対する責任は、本来会社自体が追及すべきものです。しかし、会社役員相互の特殊な関係あるいは仲間意識から、会社が取締役の責任追及を怠ることもあるでしょう。これを放置すれば会社の利益が害され、ひいては株主の利益が害されます。そこで商法は、株主が会社のために取締役に対して訴えを提起する権利を認め、株主に会社の利益を回復させる手段を与えました。これが一般に「代表訴訟」と呼ばれる制度です。

　取締役の会社に対する責任を追及しようと欲する株主は、会社に対し、書面またはこれに代わる電磁的方法により、取締役の責任を追及する訴えを提起するよう請求しなければなりません（商267Ⅰ・Ⅱ）。6か月前から引き続き株式を有する株主であれば、単独でこれが可能です（商267Ⅰ）。その後、会社が60日内に訴えを提起しないときは、当該株主は、会社のために訴えを提起することができます（商267Ⅲ）。

　代表訴訟は、株主が勝訴しても、この者に訴訟上の利益が直接帰属するわけではありませんから、この訴えは、財産上の請求でない請求に係る訴えとみなされ（商267Ⅴ）、その訴額は、民事訴訟費用等に関する法律4条2項により、160万円とみなされ、訴状に貼付すべき印紙は13,000円となります。

　株主または会社は、取締役の責任を追及する訴えに参加することができます（商268Ⅱ本文）。株主が提起した訴えには、会社または他の株主が原告側に参加できます。会社が提起した訴えに株主が参加することもできます。馴合訴訟等を防止する趣旨です。

　取締役の責任を追求する訴訟につき、裁判上の和解をなす場合には、総株主の同意を要しない旨が特に明定されています（商268Ⅴ・Ⅶ後段）。他の株主は、安易な馴合的和解がなされることに心配であれば、訴訟参加せよということなのでしょう。

8. 監 査 役

　監査役については、簡単に解説するに止めます。

監査役は、原則として株主総会で選出され、業務および会計の監査またはもっぱら会計の監査を司る、原則として必要かつ常設の機関です。その資格や職務内容等は、会社の規模によって、すなわち商法特例法の適用の有無によって大きく異なります。ただ、いずれにせよ、商法の基本姿勢は、監査役の身分の保証を強化し、充実した監査の実を挙げようとしていると小括できます。

　特例法の大会社またはみなし大会社にあっては、監査役の員数は3人以上でなければならず、そのうち半数以上は社外監査役（就任前にその会社またはその子会社の取締役、執行役または支配人その他の使用人となったことがない者）でなければならず、かつ監査役の互選をもって常勤の監査役（会社の営業時間中監査の職務に専念する義務を負う監査役）を定めなければなりません（商特18Ⅰ・Ⅱ）。「子会社」および「執行役」という用語は後述します。そして、監査役全員で組織される監査役会を設置しなければなりません（商特18の2）。このように、法は、監査役が経営陣の意向に左右されることがないように配慮するとともに、組織的な監査を通じて適切な監査意見が形成されるよう配慮しているわけです。

　特例法上の大会社またはみなし大会社にあっては、監査役に加えて、会計監査人と呼ばれる会計監査の専門家によるチェックが強制されています（商特2Ⅰ）。その資格は、公認会計士または監査法人でなければなりません（商特4Ⅰ）。監査法人とは、5人以上の公認会計士が社員となり、内閣総理大臣の認可によって設置される法人をいいます。会計監査については、会計監査人の監査が先行し、監査役は、その結果に依拠して監査意見を述べることに

なります（商特13，14）。

上記以外の会社にあっては、監査役の員数は法定されておらず、定款で自由に1人以上の員数を定めることになります。

特例法の小会社の監査役の職務は、取締役が総会に提出しようとする会計に関する書類を調査し、総会に自己の意見を報告するという会計監査に限られます（商特22Ⅰ）。

商法274条1項は「監査役は取締役の職務の執行を監査す」と規定しています。これは、監査役が会計監査を含む取締役の業務執行一般を監査する権限を有することを意味します。しかし、監査役による業務監査は、業務執行の「適法性の監査」に限られます。商法は、取締役会が業務執行の妥当性を監督するという法政策を採用しており（商260Ⅰ）、また監査役に業務執行の妥当性の監査を要求するのは事実上困難であるからです。もっとも、取締役の職務執行が著しく不当であることは、取締役の善管注意義務（民644）ないし忠実義務（商254ノ3）違反に他ならず、違法性監査の問題に帰着します。したがって、監査役は、取締役の職務執行に不当な点はないかという姿勢でこれを監査することになるわけです。

9. 委員会等設置会社のアウトライン

商法特例法の大会社またはみなし大会社は、定款の定めによって、委員会等設置会社という制度を採用することができます（商特1の2Ⅲ）。この制度を採用した会社は、委員会等設置会社である旨を登記しなければなりません（商特21の34①）。

この会社において、業務執行権限を有するのは、執行役と呼ばれる機関です。すなわち執行役とは、取締役会の決議に基づいて委任を受けた事項を決定し、会社の業務を執行する必要的常設機関です（商特21の12）。

この会社の取締役は、商法特例法または同法に基づく命令に別段の定めがない限り、取締役たる資格に基づく業務執行権限はありません（商特21の6Ⅱ）。取締役会は、業務の決定権限ならびに取締役および執行役の監督権限を有しています（商特21の7Ⅰ柱書）。つまり、この会社の業務執行の基本的

な構図は、取締役会の意思決定に基づいて、その拘束・監督の下、執行役がこれを執行することになるわけです。業務執行自体と業務執行の監督とが執行役と取締役会とに分離されるとイメージしてもかまわないでしょう。取締役会は、一定の事項を除いて、会社の業務の意思決定を広く執行役に委任することができるようになっています（商特21の7Ⅲ柱書）。それゆえ、執行役が業務執行をなし、取締役会がこれに対する監督をなすという構図がより明らかになります。

執行役は取締役会で選任され（商特21の13Ⅰ前段）、その任期は、就任後1年以内の最終の決算期に関する定時株主総会が終結した後、最初に開催される取締役会の終結の時までとされています（商特21の13Ⅲ）。員数は会社の自治に委ねられます。執行役の氏名は登記事項です（商特21の34④）。

この会社にあっても、代表機関を定める必要があります。これが代表執行役です。代表執行役は、取締役会において、執行役の中から定められます（商特21の15Ⅰ）。その氏名は登記事項です（商特21の34⑤）。この会社には、代表取締役という機関は存在しません。

この方式を選択した会社には、取締役3名以上（うち過半数が社外取締役）からなる3つの委員会の設置が義務付けられます。<u>① 指名委員会、② 監査委員会、③ 報酬委員会</u>がこれです。各々の委員会の委員は取締役会で選任されます（商特21の8Ⅴ前段）。執行役は②の委員を兼ねることはできません（商特21の8Ⅶ参照）。各委員会の委員を構成する取締役の氏名、社外取締役はその旨を登記すべきことになっています（商特21の34②③）。

①の委員会は、株主総会に提出する取締役の選任および解任に関する議案の内容を決定する権限を有しています（商特21の8Ⅰ）。委員の過半数が社外取締役ですから、取締役の候補者となるには社外取締役から肯定的評価を受けることが不可欠です。このようにして選任された取締役からなる取締役会は、業務執行につき客観的かつ公正な監督権限を行使することが期待されているのです。

②の委員会は、取締役および執行役の職務の執行の監督権限、会計監査人の選解任の議案の内容の決定権限が与えられています（商特21の8Ⅱ）。監査委員会の監査権限は、職務の適法性、妥当性の双方に及びます。委員会等設

置会社では、監査役制度が廃止されます。したがって、監査委員会が、従来型会社の監査役に与えられていた業務財産調査等の権限を掌握し、業務執行担当者からの独立性を保ちつつ、より精緻な監査を行うことになります。

　③の委員会は、取締役および執行役が受ける個人別の報酬の内容を決定する権限を有します（商特21の8Ⅲ）。社外取締役の合意を得られない限り、業務執行権限を有する執行役または執行役兼取締役が欲しいままにお手盛報酬を手にいれることができないようになっています。この会社では、役員賞与は、この委員会において業績連動型不確定金額を報酬とする場合として決定されます。

第12章 株式会社の資金調達

1. 資本市場からの資金調達

　会社は、その事業の発展にともない、事業規模を拡大する必要に迫られることがあります。このときには、多額かつ長期にわたって安定的な資金を確保する必要があります。短期の運転資金を調達するためであれば、銀行等の金融機関からの借入というのが合目的的方法ですが、長期的展望に立って安定的な資金を計画的に確保するには、新株、新株予約権や社債を発行して、資本市場から資金を調達するのが適当であるといえます。

　資本市場からの会社の資金調達は、資金の供給者（投資家）から観れば、会社の発行する金融商品の購入であるといえます。投資家に投資させようとするためには、それぞれの金融商品に購入を決意させるだけの魅力がなければなりません。株式、新株予約権、社債がそれぞれどのような金融商品であるか、投資者の観点から眺めてみましょう。

　株式を購入するということは、会社に出資して、その社員（株主）になるということを意味します。株主になることによって、投資者は会社に対する社員権を取得します。すなわち、株主総会における議決権など会社の経営に関与する権利を取得します。また、会社の業績が好調で、会社に利益があれば、利益配当を受け取ることができます。投資家が投下した資本は、原則として自由譲渡性が保障されている株式を他に有償譲渡（端的には売却）することによってこれを回収することになります。購入価額より売却価額が高ければ、その差額も利得することになります。めったにあることではありませんが、会社の清算時には、会社債務を弁済した後になお会社財産が残っているときに限って、残余財産の分配を受けます。

　新株予約権については、後回しにします（本章3）。

　社債を購入するということは、会社に対して債権者（社債権者）の地位に立

つことを意味します。社債権者は、会社の構成員ではありません。したがって、会社の経営に関与することはありません。社債権者が社債を保有し続ける限り、償還期限が到来すれば、償還を受けることになります。また、会社の業績に関係なく、定期的に約定の利息を受け取ることができます。また、券面額から割り引いて発行された社債、券面額に割り増して償還が約束された社債を購入すれば、利息プラス・アルファが加わることになり、それだけ旨味が増します（応募者利回り——社債を購入した日から、最終償還日まで所有した場合に入ってくる受取利息と償還差益との合計額が、資本元本に対して年何パーセントか——を計算して投資することができます）。

2. 新株発行の形態

❖ 2-1. 授権資本制度

会社が発行することを予定している株式の総数は、必ず定款に記載または記録すべき事項です（商166Ⅰ③）。その総数中、原則として少なくとも4分の1以上に当る数の株式は、会社設立時に発行しなければなりません（商166Ⅳ本文）。会社が成立した後、残りの発行予定枠については、取締役会の決議によって、いつでも新株を発行できるのが原則です（商280ノⅠ柱書本文）。つまり、発行予定株式総数のみが定款に記載されており、この枠内で取締役会に新株発行の権限が委ねられているわけです。このような制度を「授権資本制度」といいます。

定款の発行予定枠をすべて消費してしまった後は、定款を変更すれば、新たな発行予定枠を設定することができます。しかし、定款の変更にあたっては、原則として、発行予定総数を発行済株式総数の4倍を超えて設定することは許されません（商347本文）。つまり商法は、「授権株式総数（発行予定総数）は発行済株式数の4倍を超えてはならない」という原則を貫いているわけです。このように、授権の限度を法定したのは、取締役会に無限にこれを認めると濫用のおそれがあるし、新株発行によって既存の株主が被る持株比率の低下の底が見えなくなるからです。

❖ 2−2. 3種類の発行形態

　株式会社の新株発行は、発行の相手方によって3つの形態があります。どのような形態で株式を発行すべきかについても、取締役会に委ねられるのが原則です。

　第1に、「株主割当」と呼ばれる形態があります。既存の株主に対し、その持株数に比例して新株を割り当て、これを購入する権利（新株引受権）を与えるという方法です（商280ノ4参照）。この方法によるときは、各株主の持株割合は、新株発行の前後を通じて変わりません。発行価額をどう設定しても株主に損害はありません（たとえば、時価に比して安い価額で発行すれば発行後の1株当りの価額は下がりますが、株主自身の払込金額も安く済むので損得を考える必要はありません）。

　第2に、「公募」と呼ばれる形態があります。不特定多数の投資家から広く株主を募る方法です。市場の時価または若干これを下回る許容額で新株を発行する限り、既存株主の持株割合に変動を生じるものの、発行後の1株当りの価値は同等ですから、既存株主に経済的な損害は生じません。

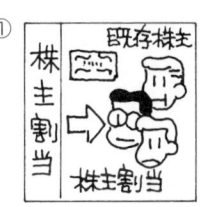

　第3に、「第三者割当」と呼ばれる形態があります。特定の者に新株引受権を与えて行う発行方法です。業務提携など取引先との関係強化で用いられることがあります。

　原則的には新株発行価額も取締役会が決定できるのですが（商280ノ2Ⅰ②）、第三者割当を行う場合、その相手方に「特に有利な発行価額」で新株を発行するときには株主総会の特別決議が必要とされます（商法280ノ2Ⅱ）。たとえば、甲社がすでに10,000株を発行しており、株価が1株10,000円だったと仮定します。このとき、その甲社は、全体として、1億円の価値があると評価できます（10,000円×10,000）。この状況で、新たに2,000株を1株当り4,000円の発行価額で発行し、これをBに割り当てるとします。このとき、

第12章　株式会社の資金調達　　141

既存の2,000株を有しているAは、面白かろうはずがありません。2,000株を有しているAは、その時点で、甲社に対し2,000万円の資本的貢献をしているのに（10,000円×2,000）、Bが、わずか800万円の資本的貢献をするだけで（4,000円×2,000）、2,000株の株主になろうとする（Aと同等の社員権が与えられる）だけでなく、この新株発行の結果、会社の総価値が1億8百万円となり（1億円＋800万円）、したがって、1株当りの価額は9,000円に低下してしまうのです（1億8百万÷12,000）。このように、Bに安い価額で新株を発行することは、Aの利益を害することになるので、商法は、株主総会の特別決議を求めているのです。確かに、短期の計算上はAの利益が害されますが、有力者Bの入社が甲社にとってプラスになり、中長期的には株価の上昇が見込まれるという何らかの思惑がAにあれば、株主総会でAが賛成に回ることがありえます。

商法は、発行価額以外にも、法令もしくは定款に違反しまたは著しく不公正な方法で新株を発行し、これによって株主が不利益を受けるおそれがある場合には、株主が会社に対して新株発行の差止を請求することを認めています（商280ノ10）。著しく不公正な方法による新株発行で問題となる事例の多くは、現在の経営陣が恣意的に賛成派に対して新株を割り当て、反対派の持株比率をことさらに低下させるなど、会社の支配権の維持または争奪を目的に第三者割当を利用するといった場合です。ただ、わが商法は、新株の発行に際し、旧株主の持分割合の稀釈化への影響を特に顧慮することなく、もっぱら有利価額での発行についてのみ対処規定を設けているにすぎませんから、会社が資金調達の必要性を声高に主張すれば、裁判所はなかなか差止を認めるまでの勇気を持ちえないというのが現状でしょう。

新株発行価額は全額を資本に組み入れるのが原則ですが、発行価額の2分の1を超えない範囲で、発行価額中資本に組み入れない額を定めることができます（商280ノ2Ⅰ④、284ノ2Ⅱ）。資本に組み入れない払込剰余金は、資本準備金になります（商288ノ2Ⅰ①）。

設立の場合と異なり、会社成立後の新株発行は、発行予定数の一部が消化できなくても（払込のない部分が生じても）、払込がなされた部分につき効力が生じます（打切発行）。会社の資金調達計画に齟齬は生じるかもしれませんが、

新株の一部が消費できずに増資が全面的に失敗する危険は避けられます。

3. 新株予約権の発行

❖ 3-1. 新株予約権とは何か

　新株予約権とは、あらかじめ定められた価額で会社の株式を取得することのできる権利のことです。つまり、この権利を有する者（新株予約権者）は、あらかじめ定められた一定期間内（行使期間内）に、あらかじめ定められた一定の金額（行使価額）を払い込んで権利行使すれば、会社がこの者に新株を発行し（これに代えて会社が有する自分の株式──自己株式を移転してもよい）、この者が株主となるわけです（商280ノ19Ⅰ参照）。

　新株予約権者は、行使期間内は株価の動向を見守りながら、株価が行使価額を下回れば権利行使を見送ればよく、行使価額を上回れば所定の株式を手に入れることができるのでそれだけ利益を上げることができます。

　新株予約権の発行もまた、その細目を含めて取締役会が決します（商280ノ20Ⅱ参照）。

❖ 3-2. ストック・オプションとしての活用

　新株予約権は、たとえば会社の取締役や従業員の意欲を刺激する活力剤として利用することができます。

　たとえば、甲社の株価が現在1株1,000円であると仮定します。甲社の取締役らに、各々1株1,200円で甲社株式1,000株ずつを取得できる新株予約権が無償で付与されました。行使期間内に取締役らは甲社の業績を上げるべく努力し、その甲斐あって甲社の株価は1,500円まで上昇しました。この時点で新株予約権を行使し、取得した株式を市場で直ちに売却すれば、30万円の儲けが出ます（(1,500円−1,200円)×1,000）。

　このように、会社の取締役や従業員に対する意欲刺激報酬の趣旨で新株予約権を有利発行することを「ストック・オプションの賦与」といいます。

❖ 3-3. 新株予約権と社債との組合せ

新株予約権は社債と組み合わせると魅力ある金融商品になります。

社債に新株予約権を付して発行し、当該社債の発行価額と新株予約権の行使価額を同額にしておきます。この会社の株価が上昇し、社債の発行価額を相当に上回った段階で、当該新株予約権付社債権者が新株予約権を行使します。そうすると、新株予約権行使時に社債の償還時期が繰り上がり、償還額が権利行使価額の払込に充当されることになります（以上、商341ノ3Ⅰ⑧・Ⅱ）。このような設計の下では、社債権者は、社債を失うと同時に株主になるわけです。いわば社債を株式に転換したのと同様の効果を得ることになります。このように、新株予約権付社債は、転換社債型の金融商品として利用できます。

また同じく新株予約権付社債を社債存続型の金融商品としても利用できます。この設計の下では、社債権者は、社債に付された新株予約権を、株価が行使価額を上回る時に行使すれば、払込は必要であるものの有利に株式を取得しうるとともに、社債部分はそのまま残るので、元本の償還や利払も受け取ることができます。加えて、新株予約権を行使する者の請求があれば、社債を繰上償還して行使価額の払込に代用できるという設計も可能になっています（以上、商341ノ3Ⅰ⑦・Ⅱ）。

4. 自己株式の取得

会社が自社の株式を取得することを「自己株式の取得」といいます。自己株式の取得は理論的には可能ですが、まったく自由に放置すると、実質的な出資の払戻と同じことになり、会社財産の基礎を危うくしてしまいます。

そこで商法は、自己株式の取得は原則容認するけれども、取得財源と取得方法の両面から規整を行っています。取得財源は、会社の余裕資金でなければなりません。定時総会決議によってこれを取得するとき、その上限は原則として配当可能利益の範囲内でなければなりません（商280Ⅲ）。定款授権により取締役会決議でこれを取得するときは、中間配当財源を上限とします（商211ノ3Ⅲ）。定時総会決議によってこれを取得するとき、自己株式の買付

は市場においてするかまたは公開買付の方法によるのが原則です（商210ⅠⅩ本文）。公開買付とは、直接に持株を売り渡してくれるよう新聞に公告を行うことによって買付をする方法です。株主間の平等的扱いや公正を確保するためです（特定の者から買い付けると、その者を優遇するおそれがあるからです）。特定の者から買い付けるときは、総会の特別決議というチェックを経る必要があります（商210Ⅴ）。定款授権に基づく取締役会決議による取得にあっては、市場取引または公開買付の方法によらなければなりません（商211ノ3Ⅰ②、210ⅠⅩ本文）。

　会社は、取得した自己株式を期間の制限なく保有できます。このような自己株式は金庫株と呼ばれます。自己株式には議決権は認められませんし（商241Ⅱ）、その行使の前提となるその他の共益権も認められません。利益配当請求権や残余財産分配権も認められません（商293但書、293ノ5Ⅵ）。自己株式は会社の資産性を否定されます。

　会社は、取得した自己株式を任意に消却できます（商212Ⅰ）。消却とは、当該株式を消滅させることです。また会社は、自己株式の処分、すなわちこれを社外に再び放出して再利用することができます（商211Ⅰ）。自己株式の処分の経済的な機能は新株発行とよく似ており、商法は、多くの部分で新株発行に関する規定を準用しています（商211Ⅲ）。

　いずれにせよ、自己株式の取得規整の問題は、初学者にはやや難しいと思われます。ここでは以上の点だけを簡単に述べるに止めます。より詳しくは会社法で再度学んで下さい。

第13章 株式会社の計算と情報開示

1. 会計規整の必要性

　会社は、それ自体が商人として営利の追求に邁進します。この目的を達成するためには合理的な経営が必要ですが、そうするには自社の財産状況や損益状況を具体的な数字で掌握しておく必要があります。会社の会計は、会社自身の営業の遂行にとって必要です。

　会社が営利を追求する究極の目的は、事業を通して得た利益を株主に分配することにあります。株主にとって、自己が投資した会社がどれほどの利益を得ているかを知ることは、配当を受けるうえできわめて重要です。また、経営を委ねた取締役の責任を追及するうえでも重要な情報です。会社の会計は、構成員たる株主にとって必要です。

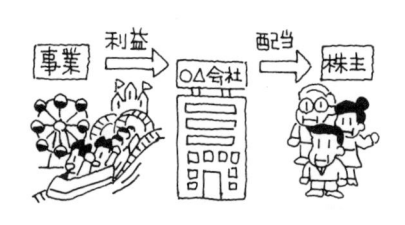

　これから会社に投資しようとする者は、自己の投資に旨味があるかどうかを、会社の会計情報を分析することによって判断します。会社の会計は、将来の投資家にとって必要です。

　株式会社は典型的な物的会社ですから、会社債権者にとっては、会社財産が債権回収の唯一の引当てとなります。会社債権者は、継続的取引の相手方たる会社の健全性を、会社の会計情報を分析することによって判断します。会社の会計は、会社債権者にとって必要です。

　以上の目的を達成するには、会社が会計情報を適正な基準に従って定型的に作成するとともに、これを適正に開示することが必要です。商法は、株式会社に決算期毎に、決算日における財産状況および当該営業年度の損益に関

する会計情報（計算書類）の作成を義務付けています（商281Ⅰ）。作成に用いる評価の基準は、法務省令に委ねられますが（商285）、商法施行規則と呼ばれるものがこれです。

定時株主総会の議案または報告資料としての会計情報は、特例法上の小会社を除き、文書または電磁的方法によって、直接株主の許に届けられ（直接開示）、株主はこの情報に事前に接することができます（商232Ⅰ・Ⅱ、283Ⅱ・Ⅲ）。これら会計情報は、定時総会会日の2週間前から（特例法上の小会社は1週間前から）一定期間、本支店に備え置かれ（商282Ⅰ、商特23Ⅵ）、株主および会社債権者の閲覧等に供されます（間接開示）（商282Ⅰ・Ⅱ）。

定時株主総会で承認された会計情報は、遅滞なく公告され（商283Ⅲ）、確定した会計情報は広く社会が確認できることになっています。上場会社の多くが日本経済新聞上に貸借対照表またはその要旨を掲載しているのがこれに当ります（商166Ⅴ参照）。公告に代え、インターネットのホームページなどに貸借対照表の全文を掲げるという方法を、取締役会決議によって採用することもできます（商283Ⅴ）。

2. 株式会社の決算手続—計算書類の作成と監査

代表取締役は、毎決算期に、貸借対照表、損益計算書、営業報告書および利益処分案（損失処理案）ならびにその付属明細書を作成して、取締役会の承認を受けなければなりません（商281Ⅰ～Ⅲ）。これらのうち、貸借対照表、損益計算書および利益処分案を総称して計算書類といい、その作成方法や財産評価の方法は、法務省令である商法施行規則に準拠しています。貸借対照表は、決算日における会社の財産状況を表示する会計情報です。損益計算書は、1営業年度における会社の経営成績を明らかにする会計情報です。営業報告書は、当該営業年度の営業の概況その他重要な事項を文字にまとめた情報です。利益処分案は、当期の利益を、利益配当、役員賞与、会社留保額などに振り分ける原案です。付属明細書は、計算書類の情報を補足する資料です。

特例法上の大会社を除く会社にあっては、取締役会で承認された計算書類

等は監査役に提出され、監査役の監査に付されます（商281ノ2、商特23Ⅰ～Ⅲ）。監査役は、これらを監査のうえ、監査報告書を作成し、これを代表取締役に提出します（商281ノ3、商特23Ⅳ・Ⅴ）。

特例法上の大会社（みなし大会社を含む）にあっては、監査役の内部監査に加え、会計監査人の外部監査が要求されます。すなわち、取締役会で承認された計算書類等は、監査役および会計監査人の双方に提出されます（商特12Ⅰ～Ⅲ）。会計監査人は、これらを監査のうえ、監査報告書を監査役会と代表取締役に提出します（商特13）。監査役会は、会計監査人の監査報告書を受領の後、必要であれば会計監査人の説明を求め、自らの監査報告書を作成し、これを代表取締役に提出します（商特14）。

委員会等設置会社にあっては、取締役会が指名した執行役が計算書類等の作成にあたり、これらの情報は、監査委員会および会計監査人による監査の後に取締役会の承認を受けることになっています（商特21の26）。この会社にあっては、取締役会決議限りで、貸借対照表および損益計算書が確定するだけでなく、利益処分案（損失処理案）も確定します（商特21の31）。

3. 貸借対照表と利益処分案

決算日における財産状況は、どのようにして示されるのでしょう。

決算日において会社の財務状況を静止させたとします。その日において、会社が有すべき財産額は、調達した他人資本の状況を示す総額と調達した自己資本の状況を示す総額とから成るはずです。これと対比すべき数値が、会社が現に有している財産額です。

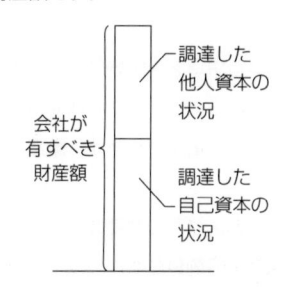

これは要するに、調達した他人資本および自己資本の両方を運用した結果として保有されるに至った現実の財産額を意味します。その日において、会社が有すべき財産額（計算上の数値）と会社が現に保有する財産額（実際の数値）とは一致するはずです。

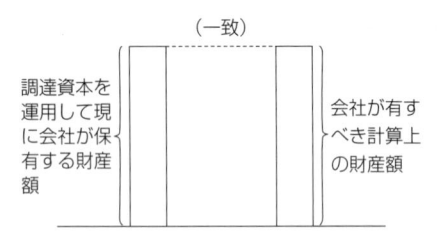

（一致）

調達資本を運用して現に会社が保有する財産額　｜　会社が有すべき計算上の財産額

　会社が現に保有する財産額とは、すなわち会社の資産の総額になります。

　調達した他人資本とは、具体的には法律上の債務と将来発生が見越されている費用や損失（引当金）とから成ります。いずれは、会社財産からの流出が見込まれるものです。これらは、会社の負債とみることができます。

　そこで、会社の資産総額から、いずれ流出が見込まれる会社の負担総額を控除してやります。残された額が、会社の純資産額を表わすことになります。これが会社の自己資本の状況を表す数値となります。

　自己資本の額は、第1義的には、最終防衛ラインとも言うべき資本金額と、そのクッション（内部留保を厚くする資本金に準ずるもの）としての法定準備金とから成りますが、会社が決算日において収益を上げておれば、ここに第2義的に、会社の別途の積立金と共に、剰余金額として数字が計上されることになります。

　純資産額は、会社が株主に対し利益の分配が可能となる限度額を導き出す出発点になります。

　貸借対照表は、上で述べた事項を対照表にして作成したものです。すなわち、資産の部は、対照表の借方という欄に、負債の部と資本の部は対照表の貸方という欄に、項目を設けて掲載されます。勘定式では、左側が借方、右側が貸方となります。

　配当可能利益の算出方法およびその限度は商法290条1項が定めています。利益の配当は、貸借対照表上の純資産額から以下の額を控除することによっ

資産の部	負債の部
流動資産 固定資産	流動負債 固定負債
	資本の部
	資本金 法定準備金 剰余金

て算定します。①資本の額、②法定準備金（資本準備金と利益準備金とから成る）の合計額、③その決算期に積み立てることを要する利益準備金の額、④その他法務省令に定める額です。

法定準備金は、法の規定によって積み立てられる準備金であり、資本準備金と利益準備金とは、その財源による区別です。資本準備金は、資本に準じる財源から積み立てられるもので、本書では株式の発行価額中資本に組み入れない額（商288ノ2 I①）は、必ずこれに組み入れなければならないことを既に述べています（第9章3－2）。性質が資本に近く、配当可能利益にするのに適さないので、このような処置がとられるのです。利益準備金は、毎決算期の利益およびこれに準ずる財源から積み立てられるものです。商法は、会社が、資本準備金の額と合わせてその資本の4分の1に達するまでは、毎決算期に利益処分として支出する金額の10分の1以上を、中間配当をなすごとにその分配金の10分の1以上を利益準備金として積み立てなければならないとしています（商288）。中間配当については、本書では省略します。さらに会社法で学んで下さい。

数式で表せば、

配当可能限度額＝
　　　純資産額－（資本の額＋法定準備金の額＋利益準備金の要積立
　　　　額＋その他法務省令で定める額）

ということになります。

法定準備金の蓄積額が資本の4分の1に達している限り、これを超える金額は、株主総会の普通決議により、取り崩して配当可能利益に組み入れることができますが（商289 II①参照）、資本のクッションにあたる部分を取り崩す

わけですから、会社債権者を保護する等の一定の手続を必要とします（商289Ⅳ参照）。

実際には、上の配当可能限度額がすべて配当に回るわけではなく、定款の規定または総会の決議によって任意積立金額（会社の事情により目的を定めて任意に積み立てるもの）が控除され、さらにこの一部が役員賞与として支払われます。ただし委員会等設置会社にあっては、利益処分案が取締役会限りで確定し、総会の議を経ないため、お手盛り防止の趣旨から、利益処分の一環として、取締役または執行役に金銭の分配をしてはなりません（商特21の3Ⅱ）。

4. 計算書類の報告と承認

特例法上の大会社を除く会社にあっては、代表取締役が計算書類を定時総会に提出のうえ、営業報告書についてはその内容を報告し、貸借対照表・損益計算書・利益処分案については、その承認を求めなければなりません（商238）。

特例法上の小会社にあっては、監査報告書の謄本が招集通知に添付して送付されていないので、承認に先立ち、監査役は、総会において監査意見を報告しなければなりません（商特22Ⅰ）。

特例法上の大会社にあっては、各会計監査人の監査報告書および監査役会の報告書に、貸借対照表および損益計算書の内容が適正であることの御墨付がある限り（商特13Ⅱ②、商281ノ3Ⅱ③参照）、代表取締役は、定時総会に提出した貸借対照表と損益計算書の内容を報告すれば足り、総会の承認を求めることを要しません（商特16Ⅰ）。このときは、利益処分案についてのみ承認を求めることになります（商283Ⅰ）。しかし、会計監査人または監査役中に不適法意見の者があれば、原則どおり、貸借対照表と損益計算書についても承認を必要とします。

報告・承認後の会計情報の公告についてはすでに述べました（本章1.）。

第14章 株式会社の再編

1. 会社の親子関係

近時、持株会社を介した企業のグループ化といったことを新聞記事等で目にする機会が多いのではないかと思います。

持株会社というのは、他の会社の株式を取得することにより、国内の会社の事業活動を支配することを主たる事業とする会社のことをいいます。その中でも、自らは事業を行わず、もっぱら他社の株式を保有し、これを支配することを目的とする会社を純粋持株会社といいます。これに対し、自らも事業を行いつつ他社の株式を保有するものを事業持株会社といいます。

最近は、このような持株会社を頂点に、株式を保有される会社が横並びでグループ化したり、株式を保有される会社がさらに他の会社の株式を保有する形で、ピラミッド型のグループ化などが見られます。

親会社と子会社の関係は、議決権の保有関係を基準に定められます。すなわち、他の株式会社の総株主の議決権の過半数または他の有限会社の総社員の議決権の過半数を有する会社を親会社といい、保有される側の会社を子会社といいます(商211ノ2 I 柱書)。子会社が他の会社の議決権の過半数を保有しておれば、親会社から見ればその会社は系列上は孫にあたるといえますが、商法上はこれも子会社です。また、親子であわせて他の会社の議決権の過半数を保有するときも、その会社は子会社として規整されます。図の乙社、丙社、丁社はすべて甲社の子会社であるということになります。

子会社の議決権の総数（100%）を保有する親会社を完全親会社、保有される子会社を完全子会社といいます（商352 I）。

親子会社は、経済的に緊密な関係にあるた

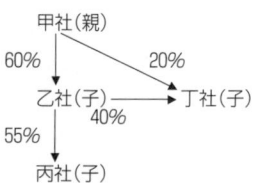

め、商法もさまざまな規整をしています。本書では、その一部を簡単に指摘しておきます（詳細は、会社法で本格的に学んで下さい）。

子会社は、親会社の株式を取得することを原則として禁じられます（商211ノ2Ⅰ）。特例法上の大会社にあっては、その子会社を含む企業集団の財産および損益の状況を示す連結計算書類を作成しなければなりません（商特19の2）。親会社の監査役は、子会社の調査権限があります（商274ノ3）。親会社の株主もまた、一定の要件の下に、子会社の各種議事録や計算書類などの閲覧等を求めることができます（商244Ⅵ、260ノ4Ⅵ、263Ⅶ、282Ⅲ、293ノ8）。

2．完全親子会社関係の創設

企業が国際的な競争力を維持し、経営をより効率化・合理化させ、リスクの分散を図るためには、企業グループを形成し、傘下となる多数の企業を統一的指揮の下に経営するのが望ましい場合があります。このような目的を達成するのに適当な制度として、株式交換または株式移転という方法があります。

株式交換および株式移転は、ともに既存の株式会社を完全子会社として、完全親子会社関係を創設するための制度です。親会社となる会社が既存の会社である場合に用意された手続が株式交換であり、親会社となる会社を新たに設立する場合に用意された手続が株式移転です。

甲社（完全親会社となる会社）と乙社（完全子会社となる会社）とが株式交換を行うおよそのイメージは下の図のとおりです。

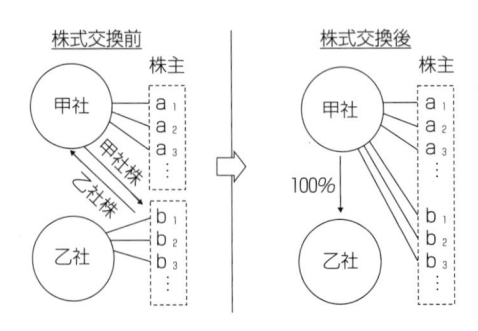

株式交換が行われると、乙社の株主（b₁ら）が保有している乙社株式は、すべて甲社に移転し、その代わりに（一種の対価として）、乙社の株主であったb₁らに甲社が発行する株式を割り当て、以後は甲社の株主になります（商352参照）。これにより、甲社は、乙社の発行済株式のすべてを保有することになります。

株式移転のおよそのイメージは下の図のとおりです。

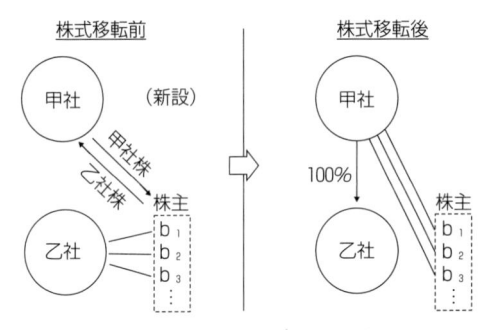

株式移転が行われると、乙社の株主（b₁ら）が保有する乙社株式は、株式移転によって設立される甲社に移転し、その代わりに（一種の対価として）、乙社株主であったb₁らが甲社が発行する株式の割当を受け、甲社株主になります(商364参照)。これにより、甲社は乙社の完全親会社として設立されます。

要は、いずれも、甲社株式と乙社株式との集団的な交換であると捉えられます。会社の株主構成に変動はあるものの、会社の財産的価値には影響がなく、会社を主体とする権利義務関係に変動はありません。したがって、主たる利害関係者は株主です。

株式交換、株式移転をなすには、当事会社の代表取締役が、取締役会の議を経て（商260Ⅱ）、株式交換契約を締結し、あるいは株式移転計画を立案しなければなりません。そして、これらの契約書・計画書につき、株主総会の特別決議を得る必要があります。これにどうしても納得の行かない反対株主には、会社に対する株式買取請求権を行使させ、投下資本を回収させて離脱させる途を開いています。総会で賛否を判断するための情報を事前に株主に開示することが要求されており、事後的な情報開示にも配慮がなされています（以上、商353，354，355，360，365，366，371）。

第14章　株式会社の再編　　*155*

技術的に詳細に説明しても、初学者の理解の域を超えますので、本書では、以上の概略にとどめます。将来、会社法で本格的に学んで下さい。

3. 会社の合併

　会社の合併とは、2つ以上の会社が契約によって1つの会社に合体することをいいます。たとえば、甲社と乙社とが合併する場合、両者ともに解散（消滅）して、新たな丙社を設立する方法と、甲社が存続して解散（消滅）する乙社を吸収する方法とがあります。前者を新設合併、後者を吸収合併といいます。実際には、手続が明確で相対的に簡単である吸収合併がもっぱら利用されます。

　消滅会社の財産は、新設会社（上の丙社）または存続会社（上の甲社）に包括的に承継され、消滅会社の株主は、新設会社または存続会社の株主になります。株式交換や株式移転と異なり、株主に加えて会社債権者もまた利害関係人になります（たとえば、合併の結果、財務内容の良くない会社の法律関係を包括的に承継することになる株主や債権者をイメージすれば容易に理解できるでしょう）。

　株式会社の合併手続は、取締役会の議を経て（商260Ⅱ）、当事会社の代表取締役が合併契約を締結するところから始まります。合併契約は、要式契約であり法定の記載事項を記載または記録した書面または電磁的記録として作成されます。そして、この合併契約書を株主総会の特別決議をもって承認しなければなりません。合併にどうしても納得の行かない株主は、株式買取請求権を行使することができます。株主に対する事前の情報開示が必要であることは言うまでもありません。合併契約書の承認が得られた次に、合併に異議のある債権者に異議申立の機会を与え、このような債権者に対して、弁済・相当の担保の提供・弁済用財産の信託のいずれかをなすという、いわゆる債権者保護手続を行わなければなりません。事前開示は、したがって債権者にとっても必要な手続であるわけです。合併にもまた事後開示の手続が必要です（以上、408、408ノ2、408ノ3、409、410、412、414ノ2）。

　合併もまた、詳細な説明を加えることは控えます（詳しいことは会社法の中

で本格的に学んで下さい)。

4. 会社の分割

　会社の分割とは、1つの会社を2つ以上の会社に分けることです。

　乙社が分割会社であるとき、新しく甲社を設立してその営業の全部または一部をこれに包括継承させる場合と、乙社がその営業の全部または一部を既存の甲社に包括継承させる場合とがあり、前者を新設分割、後者を吸収分割といいます。分割された部分については、対価となる株式が発行されますが、これが乙社に交付される場合を物的分割といい、これが乙社の株主に交付される場合を人的分割といいます。結局、会社分割には上述のパターンの組合せによって4種類の類型が考えられます。

　会社分割の手続は、新設分割にあっては、分割会社の代表取締役が、取締役会の議を経て(商260Ⅱ)、分割計画書を作成し、吸収分割にあっては、当事会社の代表取締役が、取締役会の議を経て、分割契約を締結するところから始まります。そして、分割計画書または分割契約書を株主総会の特別決議によって承認しなければなりません。事前の情報開示を要すること、当然です。反対株主に株式買取請求権が認められます。分割は、当事会社の債権者の利害に重大な影響を及ぼしますから、原則として、合併に準じた債権者保護手続が必要です。事後の開示もまた要求されています(以上、商374、374ノ2、374ノ3、374ノ4、374ノ11、374ノ17、374ノ18、374ノ20、374ノ31)。

　会社分割についても、詳細な説明は割愛します(詳しいことは会社法で本格的に学んで下さい)。

5. 営業の譲渡

　営業の譲渡とは、一定の営利目的によって組織統合された有機的一体としての機能的財産(たとえば甲社の営業の全部または一部)を一括的に移転することを目的とする譲渡人(甲社)と譲受人(たとえば乙社)との間の契約です。

　契約ですから、これが効力を発すると、甲社は、契約の履行として、営業

財産の一切を乙社に移転する義務を負います。一括移転とはいえ、企業財産を構成する個々の部分を個別に移転させる必要があります。動産であれば、民法に基づく動産物権の移転行為が、不動産であれば同様に不動産物権の移転行為が必要です。指名債権であれば指名債権としての移転行為が、手形であれば手形としての移転行為が必要です。

甲社は、取締役会の決議を要することはもちろん（商260 Ⅱ①）、営業の全部または重要な一部を譲渡する場合には、株主総会の特別決議を要します（商245 Ⅰ①）。反対株主の株式買取請求権も認められます（商245ノ2）。

乙社にあっては、重要な財産の譲受であれば取締役会決議を要し（商260 Ⅱ①）、甲社の営業全部を譲り受ける場合には株主総会の特別決議を要するとともに（商245 Ⅰ③）、反対株主に株式買取請求権が認められます（商245ノ2以下）。

6. 本章は初学者には理解が難しい。しかし重要である

本章で述べた分野は、多分に技術的側面を含み、また会社の組織法上の行為であって、団体法理・組織的法理に慣れていない初学者には、理解が難しい分野です。したがって概略を述べるに止めましたが、だからといって重要でないわけではありません。市場経済社会が成熟し、競争がより高次元になってくれば、企業の再編は、最も議論を要する分野になるからです。

本章で述べた多くの企業再編の選択肢のおおまかな手続は、およそ以下のようになります。

① 取締役会の議を経たうえで、代表取締役が再編のための計画を立案したり契約内容を定めてこれを締結する。

② このような計画書・契約書（法定の要式が定められ書面または電磁的記録として作成されたもの）につき、株主総会の特別決議による承認を得なければならない。決議の前には、判断のための十分な情報開示をなさなければならない。

③ 承認決議に反対の株主には、株式買取請求権が与えられ、投下資本を回収して離脱できる途が保障されている。

④ 再編が会社債権者の利害にかかわる場合には、債権者に異議申立の機会を与え、弁済・担保提供・弁済用財産の信託等、債権者保護手続が必要である。この場合にも、判断のための十分な情報開示が必要である。

⑤ 以上の手続を経たうえで、①の計画・契約どおりに、企業再編の期日までに、権利義務の承継や株式の交換といった準備を進め、これをクリアする。

⑥ 企業再編手続の多くは、登記がその効力要件になっている（株式交換等、例外もあり）。

⑦ 効力が生じた後も、一定期間は、適正な事後的情報開示が要求される。

ほぼ、企業再編は上述の手続に即して行われます。

なお、本章の各箇所で個別には言及していませんが、上の手続のうち、②の特別決議は、株主に及ぼす影響がきわめて小さい場合には省略できるという簡易な手続が認められています。

終章
さらに商法を学びたい人へ

　全14章を書き上げて思うことですが、本書の難易度を y 軸とし、章の進行を x 軸とするグラフを作成したとすれば、おそらく $y = x^2$（$x \geq 0$）で表わされる曲線のように、章が進むにつれ、難度が急激に上がってしまったように思えます。できればこれを $y = \frac{1}{2} x^2$、せめて $y = \frac{2}{3} x^2$（$x \geq 0$）程度にしたかったのですが、初めて法律学を学ぶ人のために本を著わすことの難しさを、改めて実感しました。

　多少なりとも商法の学修に興味を持った人は、さらに先へ歩を進めていただきたいと思います。しかし、本書を読破した程度では、まだまだ本格的な体系書に取り組むのは困難でしょう。そこで、私が関わった初学者向けの商法の入門書をいくつか紹介しておきたいと思います。

　まず、法学部に入学した１年次生が初めて出会う商法の学修に適したレベルの入門書として、私が神戸学院大学の岡田豊基教授、同志社大学の川口恭弘教授と共編著者になって編んだ『現代企業法入門（第３版）』（平成15年・中央経済社刊）があります。この本のコンセプトは本書と共通するところが大きいので、本書によって商法のアウトラインが朧気にイメージできた人にも十分に読破できます。その分野ごとに得意な人に執筆を依頼していますから、本書と同一テーマの記述を読んだとしても、異なる視点から検証できるので、さらに理解が深まるであろうと思います。

　その上のレベル、法学部の学生でいえば２年次生あたりを意識して著した入門書として、私の単著である『商法総則・商行為法入門』（平成12年、中央経済社刊）があります。民法の原則などと対比して、企業取引の基礎を読み易く解説しています。この分野の入門書としては、わが国で最も平易な書物です。また、これと同レベルで、商法典には規定がない現代型の企業取引を解説したものとして、先の岡田豊基教授と共編著で刊行した『企業取引法入門』（平成13年・中央経済社刊）があります。この本の企業取引法総論の中で、法

律行為や意思表示などについて、また別の表現で平易に解説していますから、本書と合わせて参照して下さい。

さらにその上のレベル、法学部でいえば3年次生以上を意識して著した入門書として、私の単著である『手形法・小切手法入門』（平成15年・中央経済社刊）および『会社法入門』（平成16年・信山社刊）があります。この2冊は、商法の中核分野と呼べる部分を対象とするものです。本書がこの分野に掛けた網は、きわめて「疎にして漏れっ放し」ですが、上の2冊は、多少は網目を細かにして記述しています。初学者が次のステップに進むため必要なこれらの分野の最低限の知識を解説しています。

以上の入門書に触れておけば、著名な大学者の先生が著された商法の体系書を読むことによって、この分野の本当の面白さを体験できると思います。

私事で恐縮ですが、私が最初に商法という学問領域に接したのは、昭和49年（1974年）、名古屋大学法学部の3年次生として、商法の講義に履修届を提出した時です。この年、会社法の講義は、北澤正啓先生がご担当であり、手形法の講義は、平出慶道先生がご担当でした。同じ年に履修したゼミは、浜田道代先生の商法ゼミでありました。この環境が、初めて商法を学ぶにいかに適したものであったかは、商法の勉強を進めていけば容易に分ります。おそらく、商法学100余年のわが国の歴史の中でも屈指の環境であったと思われます。しかし、行為能力を獲得して日も浅く、意思能力の成熟に疑問符が付いていた当時の私は、この絶好の環境に気付くこともなく、もっぱら名古屋市近郊の愛知青少年公園で、学友と共に健康的な（？）汗を流しておりました。学問は、本当に開始直後が大切です。このため私は、後々この分野の学修において、テイク・オフまで長い長い時間を要しました。今日では、法律学の各分野に、体系書に至るまでの平易な工夫を凝らした多くの入門書が刊行されています。それだけでも今日の初学者の皆さんは幸福であると思います。それでも、講義を聴くことのできる機会があるならば、講義に出席することによって、独りで活字を追うよりは合理的に学修を進めることができ

ると思います(無論、人間の営みに例外は付き物であり、"はずれ"と思われる講義もあるでしょうが)。

　私が初めて大学生に商法の講義をしたのは、昭和61年(1986年)、専任講師として小樽商科大学商学部に赴任した年で、担当科目は商取引法(商法総則・商行為法を対象とする)でした。私の初期の講義は当時の学生にとっては完全に"はずれ"の講義であったと思います。昭和の最晩年、元号が平成に変わろうとする頃、すなわち1980年代後半の小樽商科大学には、今日の私法分野で学界を牽引している錚々たる陣容が、私の同年代に揃っておりました。民法では、藤原正則さん(現北海道大学教授)や渡辺達徳さん(現中央大学教授)がおり、民事訴訟法では川嶋四郎さん(現九州大学教授)がおりました。そして、私と同じ商法には野田博さん(現一橋大学教授)がおりました。テイク・オフに時間がかかり、地上スレスレをモタモタ飛行していた私と異なり、この人たちは、若い頃から専門分野の造詣が深く、彼らが集まって交している議論に私はさっぱりついて行くことができませんでした。ジェット戦闘機の編隊の中に旧式の復葉機が1機だけ紛れ込んでいるようなものです。当然、この人たちの講義は最初から素晴らしいものでした。人によってはまさに立て板に水を流す感があり、藤原さんのように急斜面に火砕流といった趣きの迫力のあるものもありました。教歴が20年に近づきつつある今日、私が曲がりなりにも商法のテキストといわれる書物を複数刊行できるようになったのは、当時のこの人たちの圧倒的な影響力のおかげです。私法分野のさらなる学修にあたっては、この人たちの著した業績を通じても学んでいただきたいと思います。彼らは法律の専門書あるいは雑誌等に、たくさんの論文や解説を公表されていますから、今後この人たちの名前を目にする機会も多いでしょう。そうなれば、皆さんの法律の学修も相当に進んでいるはずです。

　最後に、会社法分野および手形法分野の体系書に触れておきたいと思います。書店あるいは図書館に行けば分ることですが、これらの分野ではおびただしい数の優良な体系書が書架を飾っています。このような環境の下で、ある本を紹介して、別の本を紹介しないというのは、ある意味、学界に対し不遜であり失礼な態度であることは否めません。しかし、あえて各分野から、著者の気概・迫力を感じる各々1冊づつを推してみたいと思います。

会社法については、今後しばらくは、理論面・実務面を含めて江頭憲治郎『株式会社・有限会社法（第3版）』（平成16年・有斐閣）がスタンダードな体系書としての地位を占めるでしょうが、私は、青竹正一『会社法』（平成15年・信山社）を推します。青竹先生の長年のご研究に基づく自信に満ちた体系書です。

　手形法については、本書では言及しませんでしたが、いわゆる手形理論についてどのような基本的立場を採るかにより、体系書の趣きはかなり異なります。今や古典的名著となった鈴木竹雄『手形法・小切手法』（昭和32年・有斐閣）の系譜に属する前田庸『手形法・小切手法』（平成11年・有斐閣）が創造説と呼ばれる立場の現在の到達点を示す体系書でしょうが、私は、契約説を権利外観説で修正する立場に立ち、権利外観理論の手形法分野での可能性を明らかにすることに成功された田邊光政『最新手形法小切手法（4訂版）』（中央経済社・平成12年）を推したいと思います。事象をあるがままに捉える率直さが法律学には必要だと思います。

　どうか皆さん、商法の学修を続けて行って下さい。

索　引

あ行

悪　意……………………23
悪意の抗弁……………………97
委員会等設置会社……………136
意思主義……………………23
意思能力……………………27
意思の欠缺……………………19
意思表示……………………16, 18
著しく不公正な方法による新
　株発行……………………142
一般悪意の抗弁……………42
一般法……………………49
一方的商行為……………………62
委任契約……………………31
裏　書……………………96
　──の権利移転的効力………97
　──の資格授与的効力………98
　──の担保的効力……………98
裏書人……………………97
営業所……………………77
営業的商行為……………………55
営業主……………………78
営業の譲渡……………………157
営業報告書……………………148
営利法人……………………9
越権代理……………………37
親会社……………………153

か行

会計監査人……………………135
会社の合併……………………156
会社の分割……………………157
解　除……………………82
介入権……………………80
買戻請求権……………………101
解約告知……………………82
隔地者間取引……………………64
確定日付ある証書……………89
瑕　疵……………………19
瑕疵ある意思表示……………24
貸　方……………………150
合併契約書……………………156
合併手続……………………156
株　価……………………112
株　式……………………111
株式移転……………………154
株式移転計画……………………155
株式会社……………………105
株式会社の最低資本金額………107

株式交換	154
株式交換契約	155
株式分割	113
株式併合	113
株主	111
——の代表訴訟	134
株主総会	117
株主平等の原則	114
株主名簿	119
株主割当	141
借方	150
監査委員会	137
監査報告書	149
監査役	135
——による業務監査	136
監査役会	135
監事	43
慣習法	51
間接損害	133
間接取引の規整	131
機関	38
企業	48
議決権制限株式	116
議決権の行使	119
議決権の代理行使	120
基準日	119
擬制商人	58
寄附行為	8
基本的商行為	58
記名捺印	92
吸収合併	156
吸収分割	157
共益権	113
強行法規	75
供託	84
共同代表	40
共同代表取締役	127
競売	84
強迫	24
業務執行	43, 123
業務執行取締役	125
許可主義	9
挙証責任	24
銀行取引停止処分	100
金庫株	145
金銭債権	63
計算書類	148
——の報告と承認	152
形成権	4
契約	17
契約自由の原則	47
欠缺	19
権限踰越による表見代理	37
検索の抗弁権	70
現物出資	109
顕名主義	31
権利	3
権利外観主義	37
権利能力	5
権利能力なき社団	12

号	10
行為能力	28
行為能力者	28
公益法人	9
効果意思	18
合同行為	17
抗弁権	5
公　募	141
公法人	10
子会社	153
固有の商人	58

さ行

債　権	63
――の目的	63
――の目的物	63
債権者	63
債権者保護手続	156
催　告	33
――の抗弁権	70
財産権	3
財団法人	8
債務者	63
詐　欺	24
錯　誤	21
参加的優先株式	116
自益権	113
事業持株会社	153
私経済的自己責任負担主義	47
私　権	2

自己株式の取得	144
自己株式の消却	145
自己株式の処分	145
自己契約	32
市場経済社会	45
自然人	6
――の権利能力	6
質権設定契約	72
質権の実行	72
実行行為（実行購買）	54
――（実行賃貸）	55
――（実行売却）	54
執行役	136
支　店	77
支配権	4, 78
支配人	78
――の競業避止義務	79
支払約束証券	92
私法人	10
資　本	104
資本準備金	151
市民法	6
指名委員会	137
指名債権の譲渡	88
社員権	4, 111
社外監査役	135
社外取締役	125
――との責任制限契約	132
社　債	139
社団法人	7

索　引　167

重大な過失	23	商人の（受領）物品保管義務	68
授権株式数	107	商人の諾否通知義務	68
授権行為	31	商法施行規則	148
授権資本制度	140	署名	92
種類株式	115	書面による議決権行使	120
準商行為	59	所有権	46
純粋持株会社	153	所有権絶対の原則	46
準則主義	9	人格権	3
準用	37	新株発行価額	142
小会社	124	新株発行の差止	142
商慣習法	51	新株予約権	143
商業証券	55	新株予約権	143
商業使用人	78	新株予約権付社債	144
商業代理権	78	新設合併	156
商業手形	93	新設分割	157
商業登記	109	人的抗弁	95
商業登記所	110	——の制限	97
商業登記簿	109	人的担保	69
常勤監査役	135	人的分割	157
商事会社	60	心裡留保	20
商事自治法	51	推定する	61
商事制定法	51	数種の株式	115
商事留置権	75	ストック・オプションの賦与	143
少数株主権	114	請求権	4
承諾適格	66	制限能力者	28
承諾の効力	67	成年	28
譲渡担保	87	成年後見制度	28
商人間の留置権	74	成文法	51
商人適格	59	設権証券	94
商人能力	59	絶対的商行為	54

設立中の会社 ……………………108	代理商の競業避止義務…………82
設立の登記 ………………………109	代理商の留置権…………………82
善　意………………………………23	対話者間取引……………………64
総会屋 ……………………………120	諾成契約…………………………72
双方代理……………………………32	但　書………………………………20
双方的商行為………………………62	単純保証…………………………70
遡　求………………………………98	単独株主権 ……………………114
損益計算書 ………………………148	単独行為……………………………16
	担　保………………………………69

た行

	担保物権……………………………71
大会社 ……………………………124	中会社 ……………………………124
第三者割当 ………………………141	中間法人……………………………10
貸借対照表 ………………………148	直接損害 …………………………133
退職慰労金 ………………………133	追　認………………………………33
代　表………………………………39	通謀虚偽表示………………………20
代表機関……………………………39	定　款………………………………8
代表執行役 ………………………137	定時総会 …………………………118
代表取締役 ………………………126	締約代理商………………………81
——の権限 ………………………126	手　形………………………………55
——の権限濫用行為 ……………129	——の善意取得…………………98
——の選解任 ……………………126	手形債権の無因性………………95
——の専断的行為 ………………128	手形割引 …………………………100
代　理………………………………29	撤　回………………………………65
代理意思……………………………31	転換予約権付株式 ………………116
代理権授与行為……………………30	電磁的方法による議決権行使 …120
代理権授与の表示による表見	問　屋………………………………82
代理 ……………………………36	問屋契約…………………………83
代理権消滅後の表見代理…………35	問屋の指値遵守義務……………84
代理商………………………………81	問屋の履行担保義務……………84
代理商契約…………………………81	問屋の留置権……………………84

索　引　169

統一手形用紙	93
投機購買	54
投機貸借	55
動機の錯誤	22
投機売却	54
当座勘定契約	93
特に有利な発行価額	141
特別決議	118
特別法	49
取消	24
取締役会	125
──の監査権限	126
──の決議	126
取締役・会社間の取引の規整	131
取締役資格	125
取締役の会社に対する責任	131
取締役の会社に対する責任の軽減	131
取締役の競業避止義務	130
取締役の経営上の判断	130
取締役の賞与	133
取締役の選解任	125
取締役の善管注意義務	129
取締役の第三者に対する責任	132
取締役の忠実義務	129
取締役の任期	125
取締役の報酬	133
取次	57
取引所	54
取引の安全	26
取引の法	46
取引法	46

な行

内容の錯誤	21
仲立	57
仲立契約	85
仲立人	85
任意機関	43
任意代理	30
任意法規	75

は行

媒介代理商	81
配当可能利益の算出方法	150
柱書	10
払込取扱金融機関	108
反対株主の株式買取請求権	155
番頭、手代	79
被裏書人	97
非参加的優先株式	116
一株一議決権の原則	117
表見支配人	78
表見代表取締役	129
表見代理	34
表示意思	18
表示行為	18
表示主義	22
表示上の錯誤	21
附属的商行為	61

付属明細書	148	——による株式引受	107
普通株式	115	——による出資の履行	108
普通決議	118	本店	77
普通取引約款	51	本文	22
物的担保	69		
物的分割	157		

ま行

物品販売店舗の使用人	79	未成年	28
振出	92	みなし大会社	124
不渡	99	みなす	58
分割計画書	157	身分権	4
分割契約	157	民事会社	60
分割の手続	157	民法上の留置権	73
分別の利益	70	無因証券	94
法源	50	無限責任社員	103
報酬委員会	137	無権代理	33
法人	7	名義書換	119
——の権利能力	12	申込の拘束力	65
法定準備金	151	持株会社	153
法定代理	30	持分均一主義	111
法定担保物権	71	持分複数主義	112
法の下の平等	6	文言証券	94

や行

法律行為	16	約束手形	92
法律効果	15	約定担保物権	71
法律要件	15	有因証券	94
法令	11	有価証券	90
募集設立	107	有限責任社員	103
保証	70	優先株式	115
補助商	80	要式証券	93
発起設立	106		
発起人	106		

索引 171

要物契約 …………………………… 72

ら行

利益供与の禁止 …………………… 121
利益準備金 ………………………… 151
利益処分案 ………………………… 148
利益の配当等に関し内容の異
　なる株式 ………………………… 115
理　事 ……………………………… 39
　――の権限濫用行為 …………… 42
　――の専断行為 ………………… 41
　――の代表権 …………………… 40
立証責任 …………………………… 24
流質契約 …………………………… 72
留置権 ……………………………… 73
臨時総会 …………………………… 118
劣後株式 …………………………… 115
六　法 ……………………………… 1

プロフィール

淺木 愼一（あさぎ しんいち）

昭和 28 年	愛媛県西条市出身
昭和 51 年	名古屋大学法学部卒業
〃	株式会社太陽神戸銀行（現三井住友銀行）入社
昭和 59 年	名古屋大学大学院法学研究科博士前期課程修了
〃	名古屋大学法学部助手
昭和 61 年	小樽商科大学商学部講師
昭和 62 年	同助教授
平成 4 年	神戸学院大学法学部助教授
平成 7 年	同教授
平成 13 年	明治学院大学法学部教授（現在に至る）

〈主要著書〉
『商法総則・商行為法入門』（中央経済社・平成 12 年）
『企業取引法入門』（中央経済社・平成 13 年，共編著）
『ショートカット民法〔第 2 版〕』（法律文化社・平成 13 年，共著）
『手形法・小切手法入門』（中央経済社・平成 15 年）
『現代企業法入門〔第 3 版〕』（中央経済社・平成 15 年，共編著）
『日本会社法成立史』（信山社・平成 15 年）
『会社法入門』（信山社・平成 16 年）

商法探訪　　　　　　　　　　　　　ポケット双書

2004年（平成16）8月26日　第1版第1刷発行　5553-0101

著者　淺木　愼一
発行者　今井　貴

発行所　信山社出版株式会社
〒113-0033 東京都文京区本郷6-2-9-102
TEL 03-3818-1019　FAX 03-3818-0344

©淺木愼一，Printed in Japan. 2004　印刷・製本／松澤印刷
出版契約書 No 5553-0101
ISBN 4-7972-5553-6 C3332
5553-011-080-000
NDC 分類 325.215

囲本書の全部または一部を無断で複写複製（コピー）することは，著作権法上の例外を除き禁じられています。複写を希望される場合は，日本複写センター（03-3401-2382）にご連絡ください。

会社法入門

淺木愼一 著

★★★★　会社法のファーストステップ！★★★★

「商法探訪」を読んだ後に、会社法をクローズアップして学びましょう。「株式会社」とはどんなものか、企業社会の根本を明快に描き出します。会社法を初めて学ぶ初学者に最適な内容とボリュームです。

定価：本体 3,500円（税別）

法律学の森シリーズ

会社法

青竹正一 著

★★★★ 激動する会社法の最新体系！★★★★

激動する会社法改正動向と判例を重視した法科大学院対応の会社法体系書。平成15年改正まで対応し、近年に予定される会社法改正の流れを確認できる。コンパクトながら、初級者から上級者まで幅広く使えるテキスト。

定価：本体 3,800円（税別）

ブリッジブックシリーズ

先端民法入門

山野目章夫 編

★★★★　民法はこの一冊から！★★★★

中・上級のテキストでは省略されがちな基礎的概念や基本用語を「ACCESS」（事例）を使って分かりやすく解説。民法のイメージを一気に習得、さらに上級の書に楽にステップアップできるよう工夫されています。入門書シリーズで定評のブリッジブックの最新書。

定価：本体 2,100円（税別）

人気のプラクティスシリーズ

プラクティス民法
債権総論

潮見佳男 著

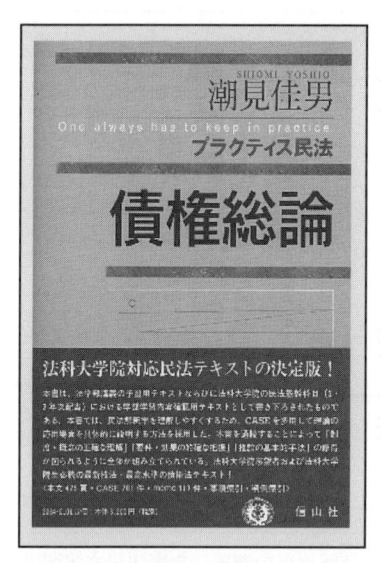

好評!!

★★★★ 法科大学院対応の民法テキスト！★★★★

民法解釈学を理解しやすくするため、CASEを用い、本書を通読することによって「制度・概念の正確な理解」「要件・効果の的確な把握」「推論の基本的手法」の修得が図られるように全体が組み立てられている。最高水準の債権法テキスト！

定価：本体 3,200円（税別）

憲法解釈演習

棟居快行 著

大好評!!

★★★★　最新論点を網羅した憲法論文演習書！★★★★

リュックに数冊の「基本書」（＋判例集）と、あとは勇気さえあればどんな難問にも立ち向かえる。憲法学説の原理を操りながら最新論点の整理・分析方法と解釈技術を「体で憶える」実践的演習書。論文式試験受験生必見！

2004.7新刊　定価：本体 2,800円（税別）

プロセス演習

棟居快行 工藤達朗 小山剛 編集代表

★★★★ 法科大学院生・学部生必見の教材！★★★★

当事者や下級審の実践的な憲法議論を、置かれた状況や文脈のなかで追体験すること、類似事件に直面する裁判官・当事者は判例をどのようにあてはめて適切な解決をするのかを予測すること。この回顧的方法と予測的方法の組み合わせで憲法を把握させる。判例だけでなく解説も充実！

定価：本体 3,500円（税別）

会社法の現代化
―要綱試案と補足説明―

法務省法制審議会会社法(現代化関係)部会 公表

★★★★　改正新会社法の方向を知る　★★★★

法務省法制審議会会社法(現代化関係)部会が公表した要領試案を読みやすくし、補足説明も収録。近々に改正予定の新しい会社法の内容とそこに至るまでの経緯や改正の意図などを収録。

定価:本体 1,800円(税別)